Axel Schultz-Gora

Arashi–Power

Axel Schultz-Gora

Arashi-Power

Leben ohne Wenn und Aber

Verlag Hermann Bauer
Freiburg im Breisgau

Die Deutsche Bibliothek – CIP-Einheitsaufnahme

Ein Titeldatensatz für diese Publikation ist bei
Der Deutschen Bibliothek erhältlich

Die auf dem Cover abgebildeten japanischen Schriftzeichen, Kanji,
bedeuten übersetzt »Magune«. Magune ist der Name eines Samurai,
der im Leben des Autors eine ganz besondere Rolle spielt.

1. Auflage 2001
ISBN 3-7626-0802-4
© 2001 by Verlag Hermann Bauer GmbH & Co. KG, Freiburg i. Br.
www.hermann-bauer.de
Umschlag: Designbuero7, Augsburg
Umschlagfoto: Axel Schultz-Gora
Satz: media printing concept, Dold/Gümpel, Freiburg i. Br.
Druck und Bindung: Freiburger Graphische Betriebe, Freiburg i. Br.
Printed in Germany

»Wer den Sturm fürchtet,
ist des Windes nicht wert.
Wer das Schwert nicht zu gebrauchen weiß,
wird im Leben verlieren.«

Samurai Yamamoto Magune, 1575-1644

Inhalt

I
Gefangen im Alltagstrott

II
Ihr Sturm bricht los

III
Der Sieger im Alltag

IV
Mit dem Budo-Wind leben

Anhang

Vier Tage für die wichtigste Sache der Welt

Die wichtigste Sache der Welt ist nicht Ihr Lebenspartner, Ihr Kind, Ihre Familie, Beruf, Haus oder Hof. Die wichtigste Sache der Welt ist allein: Ihr Leben!

Ihre Kinder werden eines Tages groß sein, fortgehen und ihr eigenes Leben leben. Ihre Eltern werden irgendwann sterben und Sie allein zurücklassen. Ihr Beruf wird früher oder später zur Routine werden. Besitz bietet Ihnen eine gewisse Sicherheit, aber er kann Ihnen genommen werden.

Also, was bleibt?

Was bleibt, wenn Sie arbeitslos werden, Ihr Lebenspartner Sie verlassen hat oder Ihr Haus abgebrannt ist?

Es bleibt Ihnen immer eins: Ihr ureigenes Leben. Ihr Leben, wie gut oder schlecht es auch sein mag, ist das Einzige auf der Welt, was Ihnen bleibt, wenn Sie nichts mehr haben! Egal an welchem Ort, zu welcher Zeit.

Für Ihr Leben gibt es keinen Ersatz, darum ist es die wichtigste Sache der Welt.

Unzählige Definitionen und philosophische Betrachtungsweisen existieren darüber, was das Leben ist. Ich fasse sie so in einem Satz zusammen:

Das Leben eines Menschen ist die Gesamtheit aller Dinge, die ihm widerfahren von Geburt an bis zu seinem Tod.

Praktischer ausgedrückt:

- Das Leben ist die Art, wie Sie Ihren *normalen* Alltag angehen, wie Sie die täglichen Aufgaben und Anforderungen, Gefühle und Gedanken bewältigen, vom Aufstehen bis zum Schlafengehen.
- Es ist zudem die Kunst, wie Sie *höhere* Anforderungen des Lebens, das heißt schwierige Situationen meistern, wie Trennungen, Berufswechsel oder Unfälle.
- Und es ist die Weise, wie Sie mit den *positiven* Ereignissen umgehen, mit Erfolg, Glück und Liebe.

Diese Definition des Lebens lässt eine zweite bekannte Formel zu. Auf dieser Formel beruht Arashi im Wesentlichen. Die Formel heißt:

Leben ist Veränderung, Veränderung ist Leben.

Nichts auf der Welt bleibt, wie es ist, alles wandelt sich. Auch wenn Sie an bestimmten Dingen festhalten, werden diese sich verändern. Die Dinge verändern sich und Sie als Mensch verändern sich, selbst wenn Sie es nicht wollen. Sehen Sie in den Spiegel und vergleichen Sie sich mit früheren Fotos. So wie Ihr Körper sich verändert, verändert sich Ihr Geist – Ihre Gedanken und Meinungen sind nicht mehr die von einst.

Die folgenschwere Frage lautet:
Was haben Sie aus eigener Kraft bis jetzt für Ihr Leben getan? Was werden Sie künftig dafür tun? Wie groß ist Ihr ganz persönlicher Anteil an Veränderung? Verändern Sie bewusst oder machen Sie Veränderungen nur mit? Sind Sie ein Blatt im Wind oder sind Sie der Wind, der die Blätter bewegt?

Sind Sie aktiv oder passiv – sind Sie ein Sieger des Alltags, ein Schöpfer von Veränderungen oder stehen Sie auf der Verliererseite und sind Opfer der Veränderungen, die andere schaffen?

Die entscheidende Antwort dazu:
Veränderung ist ein Naturgesetz! Aber: Es ist dasjenige Naturgesetz, auf das Sie einen gewichtigen Einfluss haben können.

Bewusst Veränderungen im Leben herbeiführen heißt: Die wichtigste Sache der Welt selbst in die Hand nehmen, sein persönliches Leben gestalten, und zwar nach den *eigenen* Vorstellungen und Fähigkeiten und nicht nach der Vorgabe anderer.

Arashi befasst sich mit diesem Naturgesetz. Und damit, wie Sie es für Ihr Leben *erfolgreich* anwenden können.

Was treibt Sie dazu dieses Buch zu lesen? Sie haben doch schon »alles« gelesen.

Ihr Antriebsmotor heißt Hoffnung. Sie hoffen irgendwann das »Goldene Buch«, das *ideale Werk* in Händen zu halten. Dasjenige, das aus Ihnen durch bloßes Lesen einen neuen Menschen macht, das Sie zur Erleuchtung führt. Glauben Sie wirklich, ein Buch kann das? Kein Buch der Welt kann das. Keine Bibel, kein Carnegie. Auch Arashi kann keinen *neuen* Menschen aus Ihnen machen (warum nicht, erfahren Sie in Kapitel 4 des ersten Teils), aber es kann Sie auf den Weg dazu führen!

Sie werden Veränderungen in Ihrem Leben vornehmen, wenn Sie die Botschaft von Arashi verstehen und umsetzen.

Dazu müssen Sie *mehr tun*, als nur zu lesen! Sie müssen sich die Inhalte regelrecht *einverleiben*!

Um das zu verwirklichen, brauchen Sie nur vier Tage! Vier besondere Tage: Sie müssen Ihr gewohntes Umfeld verlassen! Sie müssen vier Tage wegfahren! Ganz allein. Fahren Sie vier Tage an die See oder in die Berge. Sie brauchen eine besondere Umgebung für die Botschaft von Arashi!

Sie werden nie die Botschaft in ihrem gesamten Ausmaß erkennen, wenn Sie dieses Buch lesen, wie alle anderen davor – zusammengeknautscht im Wohnzimmersessel oder als Gute-Nacht-Lektüre im Bett. Selbst die entspannende Atmosphäre eines Parks ist zu wenig.

Sie brauchen die Erhabenheit und die klare Luft der Berge oder die Weite der See und frischen Meeresatem. Berge oder die See sind die ideale Umgebung für die gewichtige Botschaft von Arashi!

Nehmen Sie vier Tage Urlaub! Quartieren Sie sich in einer heimeligen Pension ein. Ohne Fernsehen. Ohne Radio. Ohne Telefon. Einzige Ausnahme: Am Mittag des zweiten Tages (wenn Sie den Zeitplan einhalten) werden Sie sich einen Videofilm im Aufenthaltsraum ansehen (die Gründe dafür offenbart Ihnen ebenfalls das vierte Kapitel des ersten Teils).

In diesen vier Tagen zählen nur drei Dinge: Sie, dieses Buch und die Natur!

Warum vier Tage?

Bei einer Lesegeschwindigkeit von drei Minuten pro Seite (normales Lesetempo entspricht eineinhalb bis zwei Minuten pro Seite, aber Sie sollen langsamer lesen) brauchen Sie für das Buch insgesamt zehn Stunden, zuzüglich der Zeit für die Beantwortung der Fragen.

Lesen Sie jeden Tag morgens, mittags und abends jeweils eine Stunde darin. Die restliche Zeit verbringen Sie mit Wandern, Spazierengehen und vor allem: mit Nachdenken und den Aufgaben.

Auf diese Weise haben Sie das Buch nicht nur in drei Tagen durchgelesen, Sie haben es sich tatsächlich regelrecht einverleibt.

Den letzten Tag nehmen Sie sich für Ihre Notizen und die Passagen des Buches, die für Sie am wichtigsten sind: Gehen Sie alles noch einmal in Ruhe und konzentriert durch. Legen Sie fest, welche Veränderungen Sie vornehmen werden, wenn Sie wieder zu Hause sind.

Wenn Sie diese erste, konkrete Forderung – die vier Tage – annehmen und verwirklichen, kann dieses Buch wirklich etwas in Ihnen bewegen! Halten Sie inne und überlegen Sie noch einmal: Es geht bei Arashi um die wichtigste Sache der Welt! Wie wichtig ist sie Ihnen? Wie wichtig ist Ihnen Ihr eigenes Leben?

Wenn Sie wirklich und wahrhaftig an sich arbeiten wollen, wenn Sie den echten Wunsch verspüren, etwas an Ihrem Leben zu verändern und es damit zu *verbessern*, dann nehmen Sie diesen Urlaub! Es gibt keine Gründe gegen diese vier Tage. Keine beruflichen, keine geschäftlichen, keine privaten. Es ist eine reine Frage der Priorität: *Ihr* Leben oder das der anderen.

Hier bestätigt sich Ihr Problem! Ich wette tausend zu eins, dass Sie nicht unverzüglich ins nächste Reisebüro streben und einen Vier-Tage-Urlaub buchen. Sie werden im Sessel sitzen bleiben, weiterlesen. Die möglichen Gründe dafür:

1. Ihr Wunsch nach Lebensveränderung ist so schwammig, dass er nicht genügend Kraft besitzt, Sie zu wirklich lebensverändernden Handlungen zu bringen.

2. Sie sind mit den Jahren so träge geworden, dass Sie Ihr Hamsterleben akzeptieren, obwohl Sie sich ein anderes ersehnen. Sie gehören zu der tragischen Masse der Irrgläubigen, die Jahrzehnte lang sehnsüchtig Lottozettel ausfüllen und erwartungsvoll vor dem Fernseher die Ziehung verfolgen.

3. Mein Einfluss auf Sie ist begrenzt. Ich kann Sie nicht bei Ihren Schultern packen und aufrütteln. Ich kann Ihnen nicht tief und ernst in die Augen sehen und mit energischer Stimme ein »Verdammt noch mal, tu es! Fahr! Es ist entscheidend für dein Leben!« ins Gesicht brüllen. Als Autor bin ich stumm und mir bleibt »nur« Geschriebenes, lautlose Überzeugungsarbeit.

4. Sie sind niemandem Rechenschaft schuldig. Keiner lobt Sie, keiner tadelt Sie. Es gibt weder Ansporn noch Druck von außen. Fahren Sie nicht, hat dies keine fatalen Konsequenzen, außer – und das ist fatal genug –, dass Sie weiter in Ihrem Alltagssumpf waten.

Wenn Sie zu den *halb* Abgestumpften gehören, finden Sie Gründe, nicht zu fahren. Die *ganz* Abgestumpften suchen nicht einmal nach Gründen, Sie lesen mechanisch weiter.

Damit degradieren Sie die gesamte Arashi-Ideologie! Sie werden bemängeln, dass auch dieses Buch bei Ihnen nichts geholfen hat, ohne sich den wahren Grund einzugestehen: Ihre Feigheit! Sie kaschieren Ihre Angst, wirklich etwas in Ihrem Leben verändern zu wollen, mit dem Kauf von Büchern.

Sie lesen einen Ratgeber nach dem anderen, wälzen mit Ihren Freunden Probleme, lassen Äußerungen fallen, wie »Wenn ich könnte, wie ich wollte, ja dann ... «.

Somit gehören Sie zu den 90 Prozent der Jammerer, den Verlierern des Alltags, die sich über alles beklagen, die immer den anderen die Schuld geben, die die Umstände, ihr Alter, das Wetter, Ihre Herkunft ... , am liebsten die »schlechte« Wirtschaftslage für ihre persönliche Situation verantwortlich machen, nur nicht sich selbst.

Also, noch einmal mit allem Nachdruck: Es gibt keinen Grund nicht zu fahren! Aber triftige Gründe dafür:

• *Kurze Zeit.* Vier Tage, das sind mathematisch gesehen ein einziges Prozent des Jahres! Es bleiben Ihnen 99 Prozent übrig für Ihre Veränderungen. Vier Tage sind nicht einmal eine Arbeitswoche. Vier Tage, an denen man ohne Sie auskommen muss – und kann. Wenn Sie unverhofft krank werden, tritt der gleiche Fall ein. Wenn Sie zu einer Beerdigung in die USA fliegen müssten, würde auch das jeder akzeptieren. Fahren Sie gar über ein verlängertes Wochenende (wovon ich Ihnen abrate – Sie brauchen maximale Ruhe), sind es nur zwei Arbeitstage, die Sie weg sind.

• *Entfernung.* Sie wissen aus eigener Erfahrung, dass allein das Fernsein von zu Hause Sie aus Ihrem Alltag herausreißt. Nur wenn Sie nicht zu Hause sind, können Sie richtig entspannen. Menschen, die daheim ihren Urlaub verbringen, reparieren Dinge, schauen Fernsehen, gehen Einkaufen. Sie sind auf eine Art aktiv, aber mit Lebensveränderung hat das nicht das Geringste zu tun!

• *Bewusste Einsamkeit.* Keine Anrufe von Freunden. Kein Plausch mit dem Nachbarn. Kein Anschmiegen an den Partner. Keine Diskussionen am Esstisch. Keine Zerstreuung. Keine Ablenkung. Keine Unterhaltung. Statt dessen: klärende Momente im stillen Kämmerlein, auf zugigen Deichen oder weiten Anhöhen.

• *Radikalkur, so oder so.* Wenn Sie Geselligkeit gewöhnt sind, werden diese vier Tage der stillen Klausur eine besondere Erfahrung – Sie werden den in diesem Buch beschriebenen Eigenschaften des Verlierers näher sein als sonst. Sie werden sich Ihrer Schwächen und Ängste – aber auch Ihrer Stärken! – bewusst werden.

Wenn Sie sich schon einsam fühlen inmitten Ihrer gewohnten Umgebung, wenn Sie ein Single sind, der einen Partner sucht, wenn Sie womöglich Angst vor Einsamkeit haben, sich darum viel mit Arbeit beschäftigen, werden diese vier Tage drastische Wirkung zeigen: Sie werden Ihre ganze Kraft aufbringen müssen, die vier Tage durchzuhalten. Sie werden Ihrer Geduld Größtes abverlangen müssen, das Lesetempo nicht zu beschleunigen und jede Seite Satz für Satz konzentriert zu lesen.

Wenn Sie aber durchgehalten haben, dann sind Sie gestärkt. Diese Stärke ist die Quelle für Ihr neues Leben!

• *Kein Seminar mit Psychotricks.* Keine motivierende Musik. Kein Flipchart. Keine Bilder. Es gibt keinen Seminarleiter. Keine Teamarbeit. Keine anderen Teilnehmer, mit denen Sie sich austauschen können. Keine geselligen Mittagspausen. Keine Übungen vor oder mit der Gruppe. Sie sind allein. Sie müssen mit *eigener Kraft* Ihre Probleme lösen, Ihre Situation erkennen – im zweiten Teil des Buches erfahren Sie den Grund dafür.

Buchen Sie heute noch vier Tage Berge oder vier Tage See. Buchen Sie das, was Sie zu Hause nicht haben – wenn Sie schon an der See wohnen, dann buchen Sie Berge und umgekehrt. Machen Sie keine Kompromisse, denken Sie daran: Bad Pyrmont oder Ähnliches ist zu gemäßigt, um Arashi zu studieren.

Wenn Sie fahren, gehen Sie bereits die ersten Schritte des Arashi-Weges: Die vier Tage sind schon eine einschneidende Veränderung. Sie werden die Welt, sich und Ihr Leben mit neuen Augen sehen. Fahren Sie! Sie werden es nicht bereuen.

Falls alle diese Argumente Sie nicht bewegen können, vier Tage für das Studium dieses Werkes wegzufahren, bleibt noch ein kleiner

Lichtblick: Sie können die Leseerfahrung in der Abgeschiedenheit jederzeit nachholen. Das ist besser, als überhaupt nicht zu fahren. Andererseits: Es verhält sich ähnlich, wie wenn Sie einen Kinofilm mit überragenden Landschaftsaufnahmen (zum Beispiel »Der mit dem Wolf tanzt«) und Dolby-Surroundtechnik, zu Hause per Video noch einmal ansehen. Sie kennen die Handlung schon und begnügen sich mit einem Miniformat und schlechter Tonqualität. Sie lümmeln sich auf Ihrem Sofa und sitzen nicht so konzentriert wie im Kinosessel. Das Homevideo wird niemals an das Kinoerlebnis heranreichen.

So steht es mit dem Lesen dieses Buches. Wollen Sie wirklich ein einmaliges Leseerlebnis und einen Effekt, der über das bloße Lesen hinausgeht, dann nehmen Sie sich diese vier Tage, umgehend, und *gewinnen Sie* meine Wette!

Sind Sie immer noch unschlüssig, lesen Sie diesen ganzen Text noch einmal, zweimal, dreimal ...

Vier Tips zum erfolgreichen Lesen dieses Buches

1. Lesen

Lesen Sie langsamer als gewöhnlich. Lesen Sie jeden Satz so, als ob Sie vorlesen würden: klar und deutlich. Notieren Sie sich die Stichpunkte, über die Sie intensiv nachdenken werden. Lesen Sie jeden Tag in diesem Buch. Lesen Sie es mehrmals. Lesen Sie wichtige Sätze laut. Machen Sie dieses Buch zu Ihrer persönlichen Bibel.

2. Markieren

Markieren Sie gezielt und sparsam, das heißt einzelne Begriffe mit Leuchtstift. Nehmen Sie nur eine Farbe. Ganze Passagen unterstreichen Sie mit Bleistift.

3. Wieder finden

Stehen die markierten Begriffe nicht im Register, erstellen Sie Ihr individuelles Zusatzregister im vorderen Buchdeckel. Die Seitenzahlen markierter Passagen notieren Sie unter einem von Ihnen gewählten Stichwort ebenfalls dort.

4. Behalten

Arashi enthält schriftliches Denken. Warum erfahren Sie im ersten Kapitel. Für die Aufgaben im Buch brauchen Sie einen Block und einen Stift.

Die vier Teile dieses Buches

Das Arashi-Buch ist in vier Teile aufgeteilt, jeweils mit verschiedenen Kapiteln und Unterkapiteln. Die Teile sind geschlossene Einheiten, die aufeinander aufbauen.

Teil I

Der erste Teil führt Sie über eine authentische Erzählung zu Arashi. Er gibt Antworten auf die Fragen »Was ist Arashi? Was sind dessen Hintergründe? Was ist Zweck, Sinn und Ziel von Arashi?«

Im ersten Teil geht es hauptsächlich um Ihren persönlichen Ist-Stand. Damit Sie bewusst Veränderungen in Ihrem Leben anstellen können, vermittelt er Ihnen Basiswissen über die begrenzenden Grundmuster des Menschen: sein negatives Fühlen und Denken, sein Erleben und Verhalten.

Sie bekommen einen Einblick in die Möglichkeiten und Unmöglichkeiten der Motivation, und Sie lernen den realen Wind mit neuen Augen zu sehen – er wird Sie auf Ihrem ganzen Arashi-Weg begleiten.

Teil II

Der zweite Teil befasst sich mit den Strategien der bewussten Lebensveränderung. Sie erfahren, wieso Sie bewusste Lebensveränderungen ganz allein erschaffen müssen. Sie erhalten einen Überblick über die Einteilung Ihres Lebens in Lebensbereiche. Sie sehen, welche Veränderungen Sie dort schaffen können und mit welcher Intensität (Böen, Stürme, Orkane) Sie diese Veränderungen angehen müssen.

Teil III

Im dritten Teil erfahren Sie, wie es mit Ihrem Leben nach den Veränderungen weitergeht: Sie bekommen konkrete Anstöße und Anleitungen, wie Sie Ihr neues Leben als Sieger im Alltag aufrechterhalten und nicht mehr in die Verliererkaste zurückfallen.

Teil IV

Der vierte Teil geht näher auf geistige und körperliche Stärke ein. Sie erfahren, was Budo ist und warum Budo Ihnen hilft ein Sieger des Alltags zu bleiben. Sie entdecken den ideellen Wert des hölzernen Samuraischwertes und die Faszination mit diesem umzugehen.

Teil IV schließt mit einem zusammenfassenden Monolog.

I

Gefangen im Alltagstrott

Im ersten Teil erfahren Sie,

- was Sie im Alltagstrott gefangen hält und warum das so ist

- woran Sie erkennen, dass es höchste Zeit für eine Lebensveränderung ist

- warum die bisherigen Bücher, Vorträge und Seminare nicht wirklich Ihr Leben veränderten

- welche Rolle der Wind in Ihrem Dasein spielt und wie Sie ihn für Ihr neues Leben nützen

Ein Leben im Wenn und Aber

Ein Brett, ein Holzschwert und Tränen

»Lebensveränderung mit Wind und Schwert?« Anna-Claudia, 30 und Buchhändlerin, sieht mich kritisch an, als ich ihr von Arashi erzähle. »Arashi? Das ist doch alles Quatsch!«, meint sie, »Da geht's doch nur um äußerliche Veränderungen. Hier, sieh her, ich zeig dir, um was es *wirklich* geht.« Aus einem Zen-Buch liest sie mir vor:

> »Alles ist so, wie es ist.
> Das ist keine Weisheit, sondern eine Wahrheit.
> Wie kann man dies ändern?
> Indem man es ändert!
> Aber auch dann ist alles wieder so, wie es ist.«[1]

»Verstehst du? Es ist egal, ob du Mülltonnen ausleerst, Taxi fährst, im Büro sitzt oder wie ich dein Leben mit Büchern verbringst. Es geht darum, dass du mit deiner Sache klarkommst, mit dem, was du machst. Dass du die richtige *innere* Einstellung hast, das zählt, und nicht *äußerlich* was zu verändern.«

Dieses Gespräch fand 1990 statt. Zu jener Zeit selbst erst 27 Jahre alt und dabei, meine bislang größte innere und äußere Veränderung zu meistern – Berufswechsel, Umzug in eine fremde Stadt und Firmengründung in einer der schwierigsten Branchen in ganz Deutschland –, fand ich diese Worte sehr weise.

Heute weiß ich, dass diese Worte nichts von ihrer Weisheit verloren haben. Und ich weiß etwas viel Wichtigeres, nämlich, dass Arashi kein »Quatsch« ist. Anna-Claudia ist einer der zahlreichen Beweise dafür, die ich in den letzten zehn Jahren sammeln durfte.

Die gelernte Buchhändlerin hatte damals ihre Stelle als Geschäftsführerin in einer gut gehenden Buchhandlung in Hannover aufgegeben und ihrer norddeutschen Heimat den Rücken gekehrt. Die Liebe ihres Lebens, wie Sie glaubte, hatte Sie nach Augsburg gebracht, wo sie sich eine glückliche gemeinsame Zukunft erhoffte. Ihre Träume erfüllten sich nicht, sondern schlugen ins Gegenteil um.

Als Anna-Claudia damals meine Theorien harsch kritisierte und mit Zen-Sprüchen widerlegen wollte, befand sie sich bereits in dem Lebensstadium, das ich als *Brisendasein* bezeichne:

Sie hatte sich einigermaßen gut eingelebt, einen kleinen Bekanntenkreis aufgebaut und einmal wöchentlich in meiner Schule Jiu-Jitsu trainiert. Ihre Tätigkeit in einer Augsburger Buchhandlung machte ihr weitgehend Spaß, obwohl sie öfters darüber klagte, dass sie die Verantwortung und die Vielseitigkeit ihrer alten Position vermisse.

Erste bemerkbare Verschlechterungen Ihres Lebens traten ein, als sie eine neue Abteilung und damit einen neuen Vorgesetzten zugewiesen bekam. Weder die Abteilung noch ihr neuer Chef sagten ihr zu, und mit jedem Tag, den sie zur Arbeit ging, wurde sie missmutiger. Sie verlor die Lust, abends auszugehen, und auch das Training besuchte sie nicht mehr. Stattdessen ging sie früh ins Bett und las ein Buch nach dem anderen. Sexuelle Annäherungen ihres Freundes wehrte sie allesamt ab. Sie schlief schlecht, war deshalb morgens müde und nicht sehr gesprächig.

»Du bist ein richtiger Miesepeter geworden, weißt du das?«, klagte sie ihr Freund an, ohne sich weiter für die Ursachen zu interessieren.

Als das angespannte Betriebsklima und die Gefühllosigkeit des Freundes ihr so auf den Magen schlugen, dass sie sich krankschreiben ließ, steigerte sich die Misere. Ihr Freund begann sich von ihr zu entfernen. Mit dem Vorwurf: »Du ziehst mich runter mit deinem schlechten Zustand. Das kann ich mir als Außendienstler nicht leisten« rechtfertigte er, dass er immer öfter von zu Hause fernblieb und mit Freunden Kneipen aufsuchte. Auch die Aussprachen, die Anna-Claudia immer wieder von ihm forderte, schmetterte er damit ab, dass er mit kranken Menschen nicht umgehen könne. Er wisse, dass er ihr keine Stütze sei, und es wäre das Beste, wenn sie sich trennten.

Was dann auch geschah. Als ihr Freund auszog, löste dies eine Kette von Missständen aus: Asthmaanfälle und eine massive Gürtelrose vergällten ihr das Leben. Die Kündigung beschwor schließlich einen Nervenzusammenbruch herauf.

Als Sie sich erholt hatte, arbeitete Sie zunächst in einer Kinderboutique und fing als Taxifahrerin an.

Zwei Jahre waren vergangen, bis sie wieder in mein Dojo kam. Sie besuchte mich an einem Regentag und erzählte mir ihre Geschichte.

»Macht dir Taxi fahren mehr Spaß als Buchhändlerin sein?«, wollte ich von ihr wissen.

»Bist du verrückt? Nein, absolut nicht. Bücher sind meine Welt! Wenn ich nichts zu lesen habe, dann gehe ich ein wie eine Primel.«

»Und wieso fährst du dann immer noch Taxi?«

»Wieso?! Weil ich hier nichts Passendes kriege. Die Stellen in Buchhandlungen, die es hier gibt, sind alle besetzt, da komme ich nicht rein. Ich muss halt Geduld haben. Irgendwann wird etwas frei, dann schlage ich zu. Hauptsache ich kann lesen. Und dafür habe ich beim Taxi fahren genügend Zeit.«

»Wenn's dir nur ums Lesen geht, dann bleib beim Taxeln.«

»Mir geht es nicht nur ums Lesen. Buchhändlerin sein heißt immer am Puls der Zeit zu sein, literarisch und wissenschaftlich. Du kennst die Klassiker und ebenso die jüngsten Strömungen. Du fährst auf die Messe, organisierst Lesungen und Vorträge. Du berätst Kunden, dekorierst Schaufenster und und und. Das ist verflucht was ganz anderes, als irgendwelche Leute durch die Stadt zu kutschieren, die oft noch schlecht gelaunt sind und unangenehm riechen, nach Mundgeruch und kaltem Schweiß.«

»Würdest du Arashi umsetzen, wärst du schon längst wieder Buchhändlerin.«

»Was soll das heißen?«

»Was das heißen soll? Pass auf, ich zeig dir, um was es *wirklich* geht«, antwortete ich und benutzte dabei ihre damaligen Worte.

»Hier, halt mal.« Ich drückte ihr ein daumendickes Brett von der Größe einer LP-Hülle in die Hände und instruierte: »Halt so fest du kannst und streck die Arme aus. Ich schlag es durch und du hilfst mir dabei, O.K.?«

Sie nickte verstört. Als ich mein Bokken vom Ständer nahm, meinte sie altklug: »Das macht man doch sonst mit der Hand und nicht mit so einem Stecken.«

»Sei still. Mit der Hand, mit dem Fuß, ich kann's auf viele Weise. Aber Arashi-mäßig ist es nur hiermit. Dieser »Stecken«, wie du's respektlos nennst, heißt Bokken und ist ein hölzernes Samuraischwert.«

Als ich zum Hieb ausholte, sah ich, wie sie blass wurde und zitterte. Noch bevor ich zuschlagen konnte, ließ sie das Brett fallen.

»Was soll das? Kriegst du nicht mal so ein Brett gehalten?!«, tadelte ich sie. Sie sah mich entgeistert an, fluchte und rannte hinaus in den prasselnden Regen. An der Hofeinfahrt bekam ich sie zu fassen:

»He, Anna, was ist los? So war's nun auch wieder nicht gemeint! Komm wieder rein, wir werden nass bis auf die Knochen.« Ich zog sie am Ärmel zurück ins Dojo.

Anna-Claudia hatte überreagiert, weil ich ihr angeknackstes Selbstbewusstsein traf. Das Fallenlassen des Bretts und meine barsche Reaktion darauf hin genügten, um sie aus der Fassung zu bringen.

Tage später besuchte sie mich erneut, entschuldigte sich für Wut und Tränen und meinte, jetzt sei sie bereit, das Brett zu halten. Wir postierten uns neu. Ich sah ihre angespannten Gesichtszüge, die zusammengebissenen Zähne, die verkrampften Finger. Ich spürte geradezu, wie sie sich anstrengte, dieses Mal durchzuhalten.

Zweimal setzte ich das Bokken an, drückte dabei ein wenig gegen das Brett, um Anna-Claudias Griff und Stand zu festigen. Beim dritten Mal schlug ich zu: Das Brett brach mit einem schnalzenden Geräusch in zwei Hälften.

»Siehst du, *das* ist Arashi!«

Anna-Claudia sah mich verdutzt an: »Ich verstehe nicht ... «

»Du hast schon vor zwei Jahren nicht verstanden, als du mit dem Zen-Spruch ankamst.« Ich nahm ihr die beiden Bretthälften aus der Hand.

»Wenn du ein Brett durchschlagen willst, gibt es nur zwei Möglichkeiten: Entweder es bricht oder es bricht nicht. Ich wollte, dass es bricht! Darum habe ich alles Nötige getan, dass es bricht. Versteh mich richtig, ich habe nicht leichtfertig nur dreingeschlagen und das Brett einfach zerstört. Ich habe dich instruiert, ich habe mich richtig postiert, ich habe die Stelle, an der es treffen soll, genau fokussiert, ich habe dir weder auf die Finger geschlagen noch dein Gesicht getroffen. Ich habe nicht vorher abgestoppt oder überhaupt zu langsam geschlagen. Das Ergebnis ist: Es ist durch! Das wollte ich – und das ist Arashi!«

Anna-Claudia traf sich nach diesem Schlüsselerlebnis noch viele Male mit mir, um mehr über Arashi und seine Hintergründe zu erfahren. Sie hatte verstanden, dass das Brett eine Metapher darstellte: Ein Bild für ihr persönliches Problem, das sie, *fest und deutlich vor Augen geführt*, zu lösen hatte.

»Wenn du wirklich wieder in deine geliebte Buchwelt zurück willst, musst du mehr tun als abzuwarten, bis sich etwas Passendes findet. Du musst dein persönliches Problembrett mit einem Streich zertrümmern, mit aller Entschlossenheit, mit allem Mut. Du musst erstens überlegt und zweitens rigoros handeln!« riet ich ihr.

»Aber, ... «

»Kein Aber! Es gibt kein Aber und kein Wenn. Aber und Wenn haben dich die letzten zwei Jahre an die Kandare genommen.

Zerschlag die Wenn- und Aberbretter und nimm dein Leben richtig in die Hand!«

Anna-Claudia beherzigte meine Ratschläge, und innerhalb zweier Monate lernte sie nicht nur reale Holzbretter durchzuschlagen – mit neuem Lebensmut ging sie ans Werk:

- Sie schrieb sich alle Gründe auf, warum sie wieder Buchhändlerin sein wollte.

- Dann erklärte sie mir laut und deutlich dieses Ziel und schwor alles dafür zu tun, um spätestens in einem Vierteljahr eine Stelle zu haben – ohne Wenn und Aber.
- Diesen Vorsatz hing sie auf großen Blättern an mehrere Stellen in ihre Wohnung. Sie sah ihn beim Aufstehen und beim Zubettgehen, beim Zähneputzen und beim Frühstück.
- Es sollte ihr letzter Gedanke vor dem Einschlafen sein und ihr erster Gedanke nach dem Aufwachen: »Am 31. Mai bin ich Buchhändlerin! Es gibt kein Wenn und kein Aber!«

Im Zuge ihrer Anstrengungen stellte sich heraus, dass sie Augsburg verlassen musste, um ihr Ziel zu erreichen – der hiesige Arbeitsmarkt bot nichts.

Mit der Erkenntnis, dass es für sie keine triftigen Gründe gab, in Augsburg zu bleiben, löste sie ein Kardinalproblem. Dieses Problem teilen viele Menschen mit Anna-Claudia: Das Verhaftetsein mit dem Ort, vom Arbeitsmarkt als »mobil unflexibel« bemäkelt.

Augsburg war weder Anna-Claudias Geburtsstadt, noch hatte sie Verwandtschaft dort. Sie lebte allein, ohne feste Bindung. Ihr flüchtiger Freundes- und Bekanntenkreis rechtfertigte kein Hierbleiben. Was sollte sie hier halten?

Noch vor Ablauf ihrer selbst gestellten Frist hatte sich der Erfolg eingestellt. Anna-Claudia hatte nach anfänglichen Absagen immer originellere Bewerbungen in ganz Deutschland verschickt und mehrere Angebote erhalten. Die Adressen hatte sie aus Branchenverzeichnissen und Insidermagazinen genommen und hatte auch alte Kontakte wiederbelebt.

Sie entschied sich für eine Stelle in Bielefeld, wo sie noch im selben Jahr hinzog. Das war 1992.

Heute betreibt Anna-Claudia in Berlin mit einer Freundin eine eigene Buchhandlung. Seit 1997 trägt sie den ersten Dan im Jiu-Jitsu und übt regelmäßig mit dem Bokken.

Was bedeutet »Arashi«?

Der japanische Begriff Arashi besteht aus zwei Schriftzeichen und heißt wörtlich übersetzt »heftiger Wind, der vom Berg kommt«.

Die Wurzeln von Arashi entstanden in der Zeit (1983–1986), als ich als Fremdgeschriebener Zimmermann auf der traditionellen Walz war.

Mein Alltag als Wandergeselle war einem ständigen Wandel unterworfen, heute hier, morgen dort. Mal im Heuschober schlafen, mal ins Fünf-Sterne-Hotel eingeladen werden. Mal mit juckender Glaswolle Dächer isolieren, dann wieder anspruchsvolle Dachstühle aufrichten.

Drei Jahre lang war ich mit Bündel, Stock und schwarzer Kluft unterwegs, um neue Arbeitsstellen zu suchen und neue Städte und Länder zu bereisen. Ich habe in dieser Zeit sehr intensiv gelebt und mich bei weitem nicht nur auf mein berufliches Fortkommen beschränkt. Im Gegenteil, ich habe darüber hinaus wertvolle Bekanntschaften geknüpft, richtige und falsche Freunde kennengelernt, Verlierer und Sieger des Alltags getroffen, Dilettanten und Meister zu entlarven gelernt.

Ich habe mein Wissen vermehrt, Erfahrungen provoziert, meine eigenen Grenzen ausgelotet und über alles Studien angestellt.

Ich suchte nach einem Begriff, der die Intensität und die Tragweite dieser Lebensform deutlich machen und ebenfalls einen Bezug zu Japan herstellen sollte – genauer gesagt: zu den japanischen Kriegern, den Samurai, speziell zu den Ronin, den unabhängigen Samurai.

Als mich meine Wanderschaft im Januar 1984 an die felsigen Klippen des Cabo da Roca, den westlichsten Punkt Portugals brachte, ich über die Weite des Meeres blickte und heftige Böen mir den Hut vom Kopf zu reißen drohten, hatte ich den Begriff gefunden: Arashi.

Im Laufe der letzten 16 Jahre hat sich Arashi um Größen weiterentwickelt. Was einst als Synonym für diesen besonderen Lebenswandel galt, ist zu einem ausgeklügelten System von gangbaren Schritten zur Lebensveränderung geworden.

Arashi steht heute als Begriff für bewusst herbeigeführte Veränderungen im Alltag, mit dem Ziel eines inspirierten und erfüllten Lebens. Sie besitzen Lebenskraft und sind ein Sieger des Alltags, wenn Sie den Kampf im Alltag erkennen und diesen für sich gewinnen, ohne Dritte zu Verlierern zu machen.

Wo setzt Arashi an?

Unseren Alltagstrott kann man mit dem Leben in einer Brise vergleichen: Eingelullt von lauen Luftzügen fühlen wir uns sicher und wohl. Doch wir treten wie Hamster auf der Stelle, anstatt uns weiterzuentwickeln!

Wir bewegen uns Tag für Tag, Jahr für Jahr in unserer eingefahrenen und begrenzten Welt. Wir marschieren auf unseren Ameisenwegen zur Arbeit, zum Einkaufen, in die Kneipen und Restaurants. Wir verrichten ständig die gleichen Dinge über Jahre hinweg. Wir konsumieren Film, Funk, Fernsehen und Zeitschriften. Wir fahren jedes Jahr zur gleichen Zeit in Urlaub, mit den gleichen Menschen, an die Orte des vorigen Jahres.

Derjenige, der sich dem Müßiggang hingibt und sich mit seinem persönlichen Stillstand bescheidet, wird weiter dahinleben wie bisher. Aber:

- Was passiert demjenigen, der an einem Punkt ankommt, an dem er sein *eingefahrenes Leben* als solches erkennt und ständig kritisiert?
- Wie geschieht ihm, wenn er bitter spürt, dass ihn die Alltagsbrise regelrecht *lähmt*, dass er keine Energie mehr aufbringt und sich für nichts begeistern kann?
- Was passiert, wenn der Alltagstrott ihn zur chronischen *Unzufriedenheit*, schlimmstenfalls in *Depressionen* treibt?

Hier setzt Arashi an:

Das laue Lüftchen, das Sie täglich umgibt, ändert nichts! Laue Lüftchen haben noch nie etwas groß verändert und werden nie etwas groß verändern, weder in persönlichen oder privaten, noch in beruflichen und geschäftlichen Dingen.

Sie müssen Böen, Stürme oder gar Orkane erschaffen, die Sie aus Ihrem Alltagstrott reißen! Zerschlagen Sie wie ein Ronin Ihre Probleme mit einem drastischen Schwerthieb!

Arashi setzt voraus, dass Sie Missstände im Alltag erkennen und als solche empfinden!

Wenn Sie, wie Anna-Claudia, nur noch Ihrer Arbeit um der Existenz willen nachgehen, dabei aber keine Befriedigung mehr finden, und dieser Missstand sich auf alle anderen Lebensbereiche negativ auswirkt, befinden Sie sich bereits im akuten Brisendasein.

Um diesem Brisendasein zu entfliehen und den Weg vom Verlierer zum Sieger des Alltags zu gehen, brauchen Sie vor allem zwei Dinge:

- einen wachen Geist und
- Tatkraft

Die meisten Menschen besitzen weder einen wachen Geist noch strotzen sie vor Tatkraft. Sie sind arm an intensiven Gedanken und Gefühlen. Sie haben wenig Mut und Entschlussfähigkeit. Sie gehen die Dinge des Lebens halbherzig an. Aber mit Halbherzigkeit erreicht man nichts Bedeutendes. Mit Halbherzigkeit zerschlägt man kein (Problem-) Brett. Mit Halbherzigkeit bekommt man es nicht einmal gehalten.

In den Köpfen halbherziger Menschen herrscht Windstille. Sie entfachen weder Böen geschweige denn Stürme. Sie setzen sich keine Ziele, entwickeln keine Ideen und schmieden keine Pläne. Sie lenken nicht ihr Leben, sondern lassen sich lenken, und zwar genau von denjenigen, die eben mit diesem wachen Geist und dieser Tatkraft Ideen hervorbringen und umsetzen: Werbeagenturen, Marketingstrategen, Filmproduzenten, Modeindustrie.

Was können Sie von Arashi erwarten?

All das zuvor Kritisierte *bekämpft* Arashi. Sie werden lernen, dass diese Art von Kampf nichts Negatives ist. Negativ ist das Bild, das die meisten vom Begriff »Kampf« im Kopf haben. Sie müssen diesen Begriff, besser: Ihr persönliches Verhältnis dazu, überdenken.

Arashi fußt hauptsächlich auf Beobachtung und Analyse, es ist vorrangig eine Angelegenheit des Bewusstseins. Arashi geht einen eigenen Weg und zeigt Ihnen Methoden auf, wie Sie die Fesseln der Alltäglichkeit lösen.

Sie bekommen – buchstäblich – ein Schwert in die Hand, mit dem Sie die Probleme Ihres Lebens zerschlagen.

Damit nicht genug. Sie erfahren ebenso, was Sie nach Ihrer Lebensveränderung tun müssen, um nicht in die frühere Alltagsbrise zurückzufallen. Die Aufteilung des Alltags in die sieben Lebensbereiche ist dabei ein wichtiges Mittel.

Arashi macht Sie vertraut mit dem Denken und Handeln der Samurai und gibt Ihnen Einblick in deren Welt, dem Budo. Arashi weist Ihnen den Weg vom Verlierer zum Sieger des Alltags.

Konkret können Sie von Arashi erwarten:

- Erkenntnisse aus der modernen Psychologie
- Fragen und Aufgaben, die Sie weiterbringen
- konkrete Anleitungen zum Handeln
- Beispiele aus dem Alltag
- Denk- und Handlungsweisen der Samurai
- Elemente aus dem Budo und Zen

Arashi befasst sich mit den folgenden Lebensbereichen:

- Beruf
- Beziehung und Familie

- Freizeit und Hobby
- Freunde und Bekanntenkreis
- Geld
- Gesundheit – Geist, Körper, Seele
- Wohnung und Wohnort

Zu allen diesen Bereichen bekommen Sie konkrete Fragen und Anstöße für Veränderungen. Nach einem festgelegten Schema gehen Sie alle Bereiche für sich durch und erfahren so, wo Sie wie mit Ihren Veränderungen anfangen müssen.

Die Strategiepunkte von Arashi sind im Einzelnen:
- eigene Schwächen und Stärken erkennen
- bewusst intensive Gefühle und Gedanken erzeugen und damit einen wachen Geist
- die eigene Wahrnehmung verbessern
- frische Neu- und Wissbegierde wecken
- Ideen selbständig entfalten
- Ziele setzen. Konkrete Pläne schmieden. Ziele erreichen.

Die Umsetzung dieser Strategiepunkte schafft ein neues Alltagsbewusstsein.

Im Laufe dieses Buches werden Sie mehr und mehr die Strategie von Arashi verwirklichen. Sie werden daraus Ihre eigene Strategie, Ihr eigenes Arashi entwickeln und so unweigerlich Wege aus dem Brisendasein finden.

Denken Sie schriftlich

»Das ist ja wie in der Schule«, trotzte Anna-Claudia, als ich ihr ein paar weiße Papierbogen und einen Kugelschreiber in die Hand gab, mit der Bitte, sie möge sowohl meine Fragen als auch ihre Antworten niederschreiben.

Schule oder nicht, beantworten Sie alle folgenden Fragen schriftlich.

Die Lernforschung hat bewiesen, dass schriftliches Lösen von Problemen um ein Vielfaches effektiver ist, als der Versuch diese im Kopf zu lösen.

Durch das Formulieren und Niederschreiben konkretisieren sich Ihre Gedanken. Je genauer Sie Ihre Gedanken formulieren, um so klarer werden Ihnen Ihre Situation und ihr Problem, das Sie lösen wollen.

Schriftliches Denken erlaubt Ihnen Ordnung in Ihre Gedanken zu bringen: Sie können nummerieren und korrigieren, streichen und neu ordnen. Das, was Sie aufgeschrieben haben, können Sie nachlesen, es bleibt erhalten.

Achtung! Dies ist eine entscheidende Stelle im Buch (Ich erwähne es nur hier, danach setze ich es voraus und wiederhole mich dahingehend nicht mehr):

Wenn Sie zu denjenigen gehören, die nicht vier Tage Arashi-Urlaub genommen haben, stattdessen gerade auf dem Sofa liegen und die Aufgaben nicht schriftlich angehen, dann ist das bereits die zweite Bestätigung für Ihre Misere!

Fragen Sie sich: »Warum beantworte ich die Fragen nicht?« und fragen Sie sich ebenfalls: »Wie viele Ratgeber mit wie vielen unbeantworteten Fragen und ungelösten Aufgaben besitze ich schon?«

Ich weiß um die Trägheit der Leser und um die Assoziationen, die sie knüpfen, wenn in Büchern Aufgaben gestellt werden – das erinnert an Schule, an Pflichten und Anforderungen. Sie müssen jeden Tag irgendwelche Aufgaben erledigen und jetzt, da Sie sich entspannen wollen und lesen, sollen Sie Papier und Stift hernehmen und »arbeiten«.

Ich stelle in diesem Buch so wenige Aufgaben wie möglich und so viele wie nötig. Ohne Aufgaben geht es nicht bei dieser Materie. Ich weiß ebenfalls, dass Sie selbst entscheiden, welche Aufgaben Sie durchführen und welche nicht.

Seien Sie sich vollkommen im Klaren darüber, dass allein Ihre Einstellung, wie Sie dieses Buch lesen, das Maß für Ihren Veränderungswillen ist und folglich auch das Maß für die Veränderungen selbst!

Was Sie in Ihren Lebensbereichen verändern, hängt von Ihnen allein ab. Sie allein und niemand anders bestimmen, mit welcher Windstärke Arashi durch Ihr Leben fegt.

Spätestens hier, bei dieser Erkenntnis scheiden sich zwei Gruppen von Lesern: die Erfolgreichen und die Erfolglosen. Die Erfolgreichen haben diese Einsicht schon dutzendfach gelesen, selbst erkannt, umgesetzt und zur Weisheit erhoben.

Die Erfolglosen kennen diese Äußerung ebenfalls, denn sie haben ja auch schon verschiedene Ratgeber gelesen, nur: Sie haben diese Erkenntnis *nicht verinnerlicht*. Sie nicken nur und glauben verstanden zu haben. Die Irrgläubigsten unter ihnen, die, die meinen belesen zu sein, erniedrigen diese Erkenntnis gar zum »Allgemeinplatz« – das gleicht einem Frevel, denn diese Erkenntnis ist kein Allgemeinplatz, sondern eine der elementarsten Gesetzmäßigkeiten für Erfolg!

In der verinnerlichten Erkenntnis, dass jeder seines eigenes (Un-) Glückes Schmied ist, verbirgt sich das Gesetz von Scheitern oder Gelingen.

Ein Buch wie dieses, kann Menschen nur weiterbringen, wenn sie dazu bereit sind!

Nehmen Sie also Ihren Block und Ihren Stift zu allen Aufgaben her. Es ist wirklich wesentlich!

Die Eigenschaften des Verlierers

Grundmuster des Menschen

Unzählige Kinder, Jugendliche und Erwachsene habe ich in über 13000 Lehrstunden seit der Gründung meines Dojo im Jahre 1989 bis heute im Budo unterrichtet. Von den Erwachsenen fand ich nur fünf darunter, die ihr Leben vollkommen im Griff hatten, denen man das Glück nicht nur im Gesicht und in den Augen ansah – sie lebten es. Die anderen waren mehr oder weniger im Brisendasein gefangen, und es brachen immer wieder starke Gefühle der Unzufriedenheit hervor:

- Franz, 34, Fachinformatiker: »Seit ich mein eigenes Geschäft habe, komme ich zu nichts mehr. Meine Hobbys liegen brach und meine Frau beklagt sich schon.«
- Waltraut, 40, Kinderkrankenschwester: »Der ewige Schichtdienst macht mich fertig.«
- Stephan, 37, Sachbearbeiter, wiegt 130 Kilo bei einem Meter siebzig: »Ohne Kniebandagen im Training geht bei mir nichts.«
- Sigrid, 33, Mutter von zwei Kindern: »Ich sitze im goldenen Käfig, während mein Mann auf Reisen ist.«
- Frauke, 24, Personalsachbearbeiterin bei einer Computerfirma: »Mich langweilt mein Job. Eigentlich wollte ich schon immer was mit Marketing machen, jetzt bin ich hier hängen geblieben.«
- Peter, 27, Student: »Wenn ich ehrlich bin, will ich gar kein Single mehr sein, aber ich finde nicht die Passende für mich.«

Das sind nur einige Beispiele von vielen. Sie sind repräsentativ für Menschen, die zum Teil über Jahre hinweg über ihre Lebensumstände jammern, anstatt die Missstände zu beseitigen.

Warum entfachen sie alle keinen Wind? Was hält sie alle davon ab, ihre Probleme zu lösen?

»Wenn ich das genau wüsste, dann könnte ich dagegen angehen«. Diese Antwort ist traurig und ermutigend: Traurig, weil die meisten Menschen wirklich nicht genau wissen, was sie in ihrem Brisendasein gefangen hält. Ermutigend, weil Aussicht auf eine erfolgreiche Flucht besteht, wenn sie es herausgefunden haben. So ist es auch bei Ihnen.

Erst wenn Sie die Gründe kennen, die Sie in der Alltagsbrise gefangen halten, können Sie wirklich erfolgreich etwas dagegen tun! So verschieden die Gründe sind, ein Hauptgrund bleibt bestehen: Die Alltagsbrise entsteht nicht von außen, sie ist immer von Ihnen selbst erzeugt – es ist Ihre ureigene Situation. Deswegen können Sie auch niemand anderes für Ihre Probleme verantwortlich machen, und darum sind Sie der Einzige auf der Welt, der sie lösen kann.

Im Folgenden liste ich die verbreitetsten negativen Ausprägungen des Menschen auf. Diese negativen Ausprägungen sind die *Wurzeln* Ihres Alltagstrotts. Aus ihnen wächst der Baum Ihres persönlichen Lebens. Die täglichen Anforderungen, Reize und Aufgaben formen die Krone des Baumes.

Arashi will, dass Sie Ihren persönlichen Baum des Lebens nicht einfach vor sich hin wachsen lassen, sondern, dass Sie ihn mit Leben erfüllen. Stellen Sie ihn in den Wind, lassen Sie ihn in Stürmen sich wiegen und dadurch erstarken!

Weil diese Auflistung die negativen Ausprägungen des Menschen betrifft, nenne ich sie, bezogen auf den »Sieger im Alltag«, die »Eigenschaften des Verlierers«.

Neben den genetisch bedingten Anlagen sind es größtenteils Ihre subjektiven Ängste, persönlichen Gewohnheiten und individuellen Verhaltensmuster – die Art und Weise, wie Sie denken, fühlen und handeln.

Bitte machen Sie sich kritische Gedanken, welche der im Folgenden aufgeführten Ausprägungen Ihr Leben am stärksten beeinflussen. Beantworten Sie ausführlich die jeweiligen Fragen dazu.

In den Teilen II, III und IV zeige ich Ihnen Wege auf, wie Sie diese negativen Ausprägungen aus dem Weg räumen und an ihrer Stelle positive Ausprägungen schaffen.

Körperliche und geistige Grenzen

Herz-Kreislauf:
Sie sind nur bedingt körperlich belastbar. Herz-Kreislauf-System und Stoffwechsel beeinflussen Ihren körperlichen und mentalen Aktionsradius. Ein schlechter organischer Zustand beeinträchtigt Ihre Lebensqualität. Schwache Lungen versorgen Ihr Blut nur mit wenig Sauerstoff. Wenig Sauerstoff im Organismus bedeutet wenig Elan und schlechte Konzentration. Es ist wie bei Ihrem Auto: Mit einer defekten Zündkerze fährt es zwar noch, aber es »zieht« nicht mehr. Sauerstoffarmes Blut von einem schwachen Herz durch verkalkte Adern gepumpt heißt vorzeitiger Verschleiß Ihres ganzen Körpers.

Biorhythmus:
Jeder Organismus hat einen bestimmten Biorhythmus, der uns die Wach-Schlaf-Zyklen vorgibt. Sie können also nicht rund um die Uhr Leistung bringen. Im Gegenteil, je mehr Sie von sich abverlangen, umso intensiver muss die Erholungsphase sein.

Das Einschränken dieser Erholungsphasen aufgrund steten Schlafmangels und Dauerstress' durch ständigen Termindruck wirkt sich negativ auf den gesamten Organismus aus. Nervöse Beschwerden bis hin zum Herzinfarkt sind die Folgen.

Körperbau:
Ebenso sind Sie durch Ihre genetisch veranlagte Konstitution einge-

schränkt. Wenn Sie klein und untersetzt sind und nicht die Sprung-
kraft einer Antilope besitzen, werden Sie kein Profi-Basketballspie-
ler. Wenn Sie zwei Meter zwanzig groß sind, sind Sie zu lang für den
Beruf des Jetpiloten.

Selbst weniger ausgefallene Berufe, wie Bauberufe oder Berufe im
Sportbereich, erfordern eine starke Belastbarkeit. Wenn Sie diese Belastbarkeit nicht besitzen, kommen solche Berufe für Sie nicht in Frage.

* Welche körperlichen Beschwerden haben Sie seit Ihrer Kindheit
schon gehabt? Schreiben Sie alles auf, was Ihnen einfällt: Krankheiten, Unfälle, Grippen, Ausschläge ... Rechnen Sie hoch, wie viele
Wochen oder Monate Ihres Lebens Sie das gekostet hat. Diese Zeit
hat Sie zu den normalen körperlichen Grenzen zusätzlich einge-
schränkt.

Geistige Grenzen:
Die Leistungsfähigkeit Ihres Gehirns entscheidet über die Qualität
Ihrer intellektuellen Fähigkeiten. Ihr Gehirn begrenzt Sie bei logisch-
abstrakten Leistungen ebenso wie bei kreativen und künstlerischen –
nicht in jedem steckt ein Einstein, Picasso oder Beethoven.

Ihre individuelle Gehirnleistung prägt Ihre Wahrnehmungsfähigkeit, Ihr Denken, Fühlen und Handeln. Ihre Wahrnehmungsfähigkeit
zeigt an, wie deutlich und umfangreich Sie Ihre Umwelt registrieren
und verarbeiten. Menschen mit einer ausgeprägten Wahrnehmung bemerken, wenn etwas Neues in der Wohnung steht oder wenn ein anderer ein Problem mit sich herumträgt.

Menschen mit schwacher Wahrnehmung bemerken so etwas nicht.

Während Ihre *Gefühle* Sie zu unrationalen Handlungen führen können, ein ungerechtfertigter Wutausbruch zum Beispiel, bestimmen Sie
mit Ihrem *Denken* die bewusste Art zu leben. Es gilt:

*Oberflächliches Denken zieht oberflächliches Handeln nach sich. Tief-
sinnigkeit bewirkt das Gegenteil.*

* Machen Sie sich Gedanken über die Qualität Ihres Denkens.
* Welche Probleme in Ihrem Leben haben Sie ganz allein, ohne fremde Hilfe, bewusst durch qualifiziertes Denken gelöst?

(Un-)Bewusstes Kopieren der Eltern

Eltern sind die ersten Vorbilder der Kinder. Kinder lernen durch kopieren. Sie sprechen die Begriffe nach, die man ihnen vorsagt. Sie wollen die gleichen Tätigkeiten verrichten, die sie bei ihren Eltern sehen: den Kinderwagen schieben, den Wagen waschen; wobei die Rollen zum Teil vorgegeben sind. Mädchen kopieren die Mutter, Jungen kopieren den Vater.

Bis die Kinder sich von den Eltern distanzieren und sich neue Vorbilder im Sport oder Hobby suchen, sind prägende Verhaltensmuster schon fest verankert.

Im Laufe der Entwicklung treten die bewusst nachgeahmten Verhaltensmuster zugunsten selbst entwickelter zurück, bleiben aber erhalten und kommen bei bestimmten Situationen zum Vorschein: Sie stützen beide Fäuste in die Hüften (Vater), wenn Sie sich aufregen oder Sie fächern sich Luft zu (Mutter), wenn Sie nervös sind.

Klopfen Sie die von Ihren Eltern übernommenen Handlungsmuster auf ihre Tauglichkeit ab – sind sie fördernd oder hemmend für ihr Weiterkommen: Wenn Ihnen zum Beispiel ständig ruhige Bedächtigkeit und vornehme Zurückhaltung vorgelebt wurde und Sie dieses Verhalten übernommen haben, werden Sie viel Energie benötigen, diese in Impulsivität und Vorwitz umzumünzen.

* Überlegen Sie sich, welche Eigenheiten wie Redewendungen und Ansichten, Mimik und Gesten Sie von Ihren Eltern übernommen haben. Welche wollen Sie beibehalten, welche ablegen?

Falsche Überzeugungen

Überzeugungen aus früheren Jahren, die Sie nicht weiterentwickelt haben, schränken Sie ein. Sie haben in Ihrer Vergangenheit schlechte Erfahrungen mit Menschen, Tieren, Maschinen, Situationen gemacht, Ihr Urteil darüber gefällt und dieses damalige Urteil zu Ihrer eigenen Überzeugung gefestigt. Seitdem haben Sie nie mehr über die Subjektivität Ihres Urteils nachgedacht, über die Umstände, die Ihr Denken damals beeinflusst hatten.

»Alle Männer sind Charakterschweine«, sagen Sie, weil Sie drei herbe Enttäuschungen erlebt haben, und verhalten sich entsprechend ablehnend.

»Ja nicht streicheln, der beisst!«, jagen Sie Ihrem Kind Angst ein, als es vor dem zahmen Dalmatiner steht, weil Sie als kleines Kind von einem scharfen Kettenhund gebissen worden sind.

»Motorrad fahren? Da kann ich mir ja gleich eine Kugel durch den Kopf jagen!«, lautet Ihr Entsetzen, weil Ihr früherer Freund als Anfänger mit einer viel zu schweren Maschine verunglückte.

* Denken Sie anhand eines Beispiels bewusst darüber nach, wie feste Überzeugungen bei Ihnen entstanden sind. Warum halten Sie diese oder jene Sache für das Richtige, das Wahre?
* Konstruieren Sie das Gegenteil von einer Ihrer Überzeugungen. Wenn Sie dieses Gegenteil leben, was würde sich bei Ihnen ändern?

Soziale Verstrickungen

Die ersten sozialen Erfahrungen haben Sie im Kindesalter gemacht. Ob Sie als Einzelkind oder mit Geschwistern aufgewachsen sind, im Umgang mit anderen haben Sie die Spielregeln des Zusammenlebens gelernt. Vom Bestimmen bis zum Unterordnen, von Zuneigung bis

Ablehnung reichte die Palette. Die Frage »Darf ich mitspielen?« war Ihnen ebenso geläufig wie die Aufforderung Ihrer Eltern »Gib deiner kleinen Schwester gefälligst etwas von der Schokolade ab!«.

Im Jugendalter mussten Sie Ihren Platz durch Ihre Kleidung und Ihren Musikgeschmack bestimmen. Sie mussten entscheiden, ob Sie zur »coolen Raucherclique« gehören oder sich der Gruppe der »Langweiler« anschließen wollten. Sie haben erfahren, dass Sie kreativ sein mussten, wollten Sie die Gunst Ihrer heimlichen Liebe gewinnen, und haben ebenso Abfuhren verteilt...

Welchen sozialen Verstrickungen unterliegen Sie heute? Da ist zum einen ein gereiftes Klassendenken – der gute Ruf, den Sie nicht verlieren wollen. Worte wie »In meiner Position schickt sich das nicht« halten Sie davon ab, in Nachtclubs zu gehen oder mit dem Fahrrad ins Geschäft zu fahren.

Wenn Sie bei einer Party angetrunken und hemmungslos ausgelassen sind, werden Sie mit verächtlichen Blicken von denen gemustert, die ihrer verklemmten Art nicht zu entrinnen vermögen und deshalb neidisch auf Sie sind. Sie bemerken den Groll, den man gegen Sie hegt und entschuldigen sich artig, denn Sie wollen nicht als ruchlos gelten und fürchten außerdem gesellschaftliche Nachteile.

Auf Familienfesten zwängen Sie sich in Anzug und Krawatte, weil man es von Ihnen erwartet, und Sie rasieren sich trotz Ihrer allergischen Hautreaktionen. Sie besuchen widerwillig Ihre Schwiegereltern und bemühen sich um Unterhaltung. Sie gehen zur Wahl ohne fundiertes politisches Wissen. Sie lassen sich blenden von Statussymbolen, Titeln und großen Worten.

Als Gesellschaftswesen sind Sie von lauter sozialen Verstrickungen umgeben. Wie weit Sie sich von diesen gefangen nehmen lassen, hängt von weiteren Ausprägungen Ihres Wesens ab.

＊ Was wollten Sie schon immer einmal tun, wenn Sie keinerlei sozialen Konsequenzen zu befürchten hätten?

Angst vor Auseinandersetzungen

Sie scheuen sich, jemandem offen zu widersprechen, weil es Streitigkeiten schaffen könnte. Sie zittern, wenn jemand seine Stimme erhebt – das Kindheits-Ich in Ihrem Unterbewusstsein erkennt in seinem Erinnerungsprogramm den strengen Vater oder die strenge Mutter, die Sie schelten, weil Sie etwas angestellt haben. Sie lassen sich in die Rolle des Schwächeren drängen, Ihnen gehen die Argumente aus, Sie werden unsachlich und emotional.

Wenn Sie Angst vor Konfrontationen haben, werden Sie sich in Situationen, in denen es hart auf hart geht, nie durchsetzen und immer über sich bestimmen lassen – Sie scheuen das Gespräch mit Ihrem Chef und werden den neuen Arbeitsvertrag unterzeichnen, obwohl er Sie schlechter stellt. Sie dulden schweigend die Eskapaden Ihres Lebensgefährten, weil er Sie in Grund und Boden redet und Ihnen Engstirnigkeit vorwirft.

* Wann hatten Sie Ihre letzte große Auseinandersetzung? Mit wem? Warum? Wie sind Sie aus dieser Auseinandersetzung gegangen – als Verlierer oder als Gewinner?

Angst vor Kritik und Ablehnung

Sie trauen sich weder mit innovativen Gedanken und provokanten Thesen an einer Diskussion teilzunehmen noch auf einer Feier einen aktiven Teil zum Showprogramm beizutragen, weil Sie befürchten kritisiert zu werden.

Sie wagen es nicht, die interessante Person, die schon seit einer Stunde allein an der Bar sitzt, anzusprechen, weil Sie Angst haben, eine Abfuhr zu erhalten.

Auf der Kirmes »hauen Sie nicht den Lukas«, weil Sie den möglichen

Spott der Zuschauer befürchten, sollten Sie es nicht schaffen, die Glocke zu erreichen.

Ihre sexuellen Wünsche bleiben unbefriedigt, weil Sie sich nicht trauen, sie Ihrem Partner zu offenbaren.

Ablehnungsverhalten wird schon im Kindesalter erzeugt: In stark konsumorientierten Schichten ist die Zurückweisung besonders groß, wenn nicht die gleiche Markenkleidung getragen wird oder dieselben (Computer-)Spiele gespielt werden. Dieses Ablehnungsverhalten wird mit ins Erwachsenenalter genommen, wenn es nicht bewusst reflektiert wird.

Für den schwachen Menschen als durchschnittliches Gesellschaftswesen ist Ablehnung eine negative Erfahrung. Er will dieser negativen Erfahrung entgehen, indem er sich anpasst oder alles vermeidet, was Ablehnung hervorrufen könnte.

* Wobei haben Sie in Ihrem bisherigen Leben die größte Ablehnung erfahren? Wie haben Sie darauf reagiert? Wie haben Sie diese Ablehnung verarbeitet? Wie lange haben Sie dafür gebraucht?
* Wie reagieren Sie auf Kritik? Tun Sie Dinge, die Anlass zur Kritik geben? Werden Sie überhaupt kritisiert? Kritisieren Sie selbst viel?

Angst vor Versagen

Auf die Frage des Chefs »Wer will diesen Job annehmen?« in die Runde der Projektmanager melden Sie sich nicht, weil Sie Angst davor haben, daran zu scheitern. »Verlierer will niemand haben« und »Wenn ich dieses Projekt in den Sand setze, ist es mit meiner Laufbahn aus«, denken Sie.

Von dieser Angst geleitet, bleiben Sie lieber im Hintergrund und verpassen eine Chance nach der anderen. Nach einer gewissen Zeit werden gewichtige Projekte gar nicht mehr an Sie herangetragen, weil Sie schon bekannt dafür sind, keine Herausforderungen anzunehmen.

Die Angst zu versagen, lässt Sie erst gar keine großen Ziele stecken, denn Ihre Furcht vor einem Misserfolg ist größer als Ihr Wunsch nach Herausforderungen. Mit dieser Einstellung fesseln Sie sich selbst an den Alltagstrott – Sie erledigen die Routinearbeiten, während viele Kollegen in der Abwechslung der neuen Projekte aufgehen.

Mit der negativen Konditionierung »Das schaffe ich nicht« haben Sie schon als Kind Anforderungen gescheut und standen immer auf der Verliererseite.

Um auf die Siegerseite des Alltags zu kommen, genügt es nicht negative Konditionierungen (»Das schaffe ich nicht«) einfach ins Positive (»Ich schaffe es«) umzukehren und sie sich zehnmal am Tag vorzusagen. Positive Autosuggestionen sind nur ein Teil des Erfolgs. Viel wichtiger ist die Vorstufe: Das Erkennen der eigenen Schwächen und Fähigkeiten und deren objektive Bewertung. Lernen Sie, machbare Dinge von unerfüllbaren zu unterscheiden.

✳ Schreiben Sie drei Beispiele (Beruf, Prüfungen ...) für Ihre größten Versagensängste auf.

Furcht vor Liebesentzug

Liebesentzug gehört zu den bewährtesten Druckmitteln. Schon als Kleinkind haben Sie das erfahren, denn das Erste, was Sie empfingen war Liebe. Es war die bedingungslose Mutter- und Vaterliebe, die Ihnen entgegenstrahlte und Ihre Kindheit mit Glück erfüllte.

Sie wurden älter, wollten Ihren eigenen Kopf durchsetzen, handelten gegen den elterlichen Willen und bekamen darauf ein »Wenn du das noch einmal machst, dann mag ich dich nicht mehr« zu hören. Das genügte, um Ihr Verhalten sofort zu ändern.

Wer Angst vor Liebesentzug hat, unterdrückt alle Handlungen, die den Partner von ihm distanzieren könnten. Er ist stets darauf aus, alles zu tun, um Liebe zu empfangen. Im Extrem kann das in zerstörerischer Selbstaufgabe sein tragisches Ende finden.

Die Furcht vor Liebesentzug ist oft mit der Angst vor dem Alleinsein gekoppelt. Als Wesen, das an die Zweisamkeit gewöhnt ist, wollen Sie nicht allein sein. Ihnen ist wohler, wenn sich jemand in Ihrer Nähe befindet, selbst wenn Sie Dinge tun, für die Alleinsein förderlich ist, wie zum Beispiel Lesen. Sie wollen sich unvermittelt mitteilen und brauchen Ansprache – für Singles bleibt dann nur der Griff zum Telefon.

 * Hat man Ihnen schon mit Liebesentzug gedroht? Wie haben Sie sich daraufhin verhalten?
 * Was war die längste Zeit, die Sie vollkommen allein waren?

Angst vor Geldnot

Nichts zu besitzen, ist in unserer Welt, in der sich fast alles um Geld dreht, ein Notstand – »Haste nix, biste nix«. Diese Volksweisheit steckt tief in Ihren Knochen, und da Sie nicht »nix« sein wollen, vermeiden Sie alles, was diesen Zustand heraufbeschwören könnte: Aus Angst vor Geldnot verzichten Sie auf Geschäfte, die Ihnen wirtschaftliche Unabhängigkeit bis an Ihr Lebensende bescheren könnten – Beteiligungen an Firmen, Börsenspekulationen oder innovative Kapitalanlagen sind Ihnen zu riskant und keine Themen für Sie. Sie beschränken sich auf Ihr regelmäßiges Einkommen und auf die bescheidene Rendite Ihres Sparbuchs.

Die Angst gekündigt zu werden und damit in die Besitzlosigkeit abzurutschen, lässt Sie an Ihren Beruf klammern, obwohl dieser Sie schon lange nicht mehr befriedigt.

 * Waren Sie schon einmal in ernsten Geldnöten? Wie kam es dazu? Wie sind Sie wieder herausgekommen?
 * Wie würden Sie Ihre jetzige finanzielle Situation bezeichnen?

Fehleinschätzungen

Fehleinschätzungen verknüpfen sich mit den geistigen und körperlichen Grenzen. Etwas richtig einschätzen können die wenigsten. Die meisten Menschen verschätzen sich selbst in Dingen, die sie täglich betreffen. Machen Sie die Probe aufs Exempel: Schätzen Sie die Geschwindigkeit des Wagens, wenn Sie Beifahrer sind; schätzen Sie das Alter von Personen; schätzen Sie Uhrzeiten und Preise von Waren.

Fatal wird die Fehleinschätzung, wenn es Ihr eigenes Leben betrifft: Wenn Sie eine Arbeit annehmen, deren Anforderungen Sie nicht gewachsen sind. Das kann ein Nebenjob als Kellner sein – wenn Sie Gäste übersehen, Bestellungen verwechseln und sich bei der Zeche verrechnen, ist es die längste Zeit Ihr Nebenjob gewesen.

Wenn Sie einen Kredit aufnehmen, den Sie nicht zurückzahlen können, werden Lohnpfändung und Gerichtsvollzieher Ihnen das Leben schwer machen.

Wollen Sie einen Beruf erlernen, für den Sie zu wenig Talent besitzen, wird Sie die Ausbildung frustrieren, und Sie werden sich bis zum Abschluss durchquälen – wenn Sie die Ausbildung nicht schon vorher abbrechen.

✳ Wie schätzen Sie Ihre Fähigkeiten ein, um Politik zu machen?

Keine Ziele

Bei einer Umfrage von RTL konnten 96 Prozent unserer Bundesbürger auf die Frage: »Was ist ihr Ziel?« keine definitive Antwort geben. Viele haben mit Achselzucken geantwortet, andere mit: »Gar keines«. Oft wurde »Reich sein«, »Gesund bleiben« oder »Viele Freunde haben« geantwortet.

Das sind Wünsche, aber keine definitiven Ziele. Definitive Ziele sind plan- und messbar. Sie lassen sich schrittweise erreichen, müssen gekoppelt sein mit einer Zeitbestimmung, mit Zwischenzielen und mit Erfolgskontrollen.

Soll der Allerweltswunsch »Reich sein« zum Ziel werden, muss er definiert werden. Die messbare Formel könnte lauten: »Mein Ziel ist, in fünf Jahren ein Jahresgehalt von 100000 DM zu verdienen.« Dazu gehört eine Analyse des Ist-Zustandes: »Wie viel verdiene ich jetzt? Welchen Aufwand (Arbeitsstunden, Reisen...) betreibe ich dafür? Wie weit bin ich von diesem Ziel noch entfernt?«

Dann folgt ein geplantes schrittweises Vorgehen: »Was muss ich für dieses Ziel tun? Muss ich mich weiterbilden? Muss ich das Unternehmen wechseln? Muss ich mich beruflich verändern?«

Sie müssen zudem die eigene Bereitschaft und die eigenen Fähigkeiten für dieses Ziel klären: »Stehen die zusätzlichen Belastungen im Verhältnis zum Ziel? Bin ich bereit wegzuziehen, mehr zu arbeiten, größere Verantwortung zu übernehmen? Habe ich die Voraussetzungen und Qualifikationen für einen Hunderttausendmark-Job?«

Letztlich müssen Sie persönliche Fragen klären: »Was ändert sich definitiv in meinem Leben, wenn ich das Einkommensziel erreicht habe? Reizt mich der Weg dorthin, die Planung und Durchführung aller Schritte oder ist es allein die Zahl auf dem Gehaltszettel?«

✳ Wie lautete Ihr letztes großes Ziel? Wie haben Sie es erreicht?

Keine Strategie

Wer kein Ziel hat, kann keine Strategie haben. Eine Strategie ist ein durchdachter Weg zu einem Ziel hin, mit der Absicht, dieses Ziel bestmöglich zu erreichen.

Eine Strategie ist ein komplexes Gebilde, das sich zusammensetzt aus verschiedenen Plänen und Konzepten. Eine Strategie muss erarbeitet werden, braucht deswegen Zeit, Konzentration und Muße. Je durchdachter eine Strategie ist, umso größer ist die Aussicht auf Erfolg. Unterhaltsame und lehrreiche Beispiele für die Entwicklung und Umsetzung von Strategien finden Sie z.B. in der Literatur.

❋ Welche Strategie würden Sie jemandem empfehlen, um fünf Kilogramm (Fett) abzunehmen bzw. fünf Kilogramm (Muskeln) zuzunehmen?

Keine Kontinuität

Ramona hatte es geschafft, ein Ziel zu definieren: »Ich möchte am 31.12. in zwei Jahren mein Guthaben um 10000 DM erhöht haben.«

Dieses Ziel hatte sie nicht erreicht, obwohl sie den zweiten Schritt einleitete – die Strategie.

Sie hatte ihre aktuelle Finanzlage bis auf das kleinste Detail analysiert. Ihre Kontoauszüge, die sie zuvor nur überflog, kontrollierte sie jetzt genau.

Sie begann ein Kassenbuch zu führen und suchte beim Einkaufen ständig den Preisvorteil. Ihre neue Maxime lautete: »Keine unnötigen Ausgaben machen«. Sie durchforstete ihren Haushalt nach Möglichkeiten, um die laufenden Kosten zu senken: »Ich kündige den Fitnessvertrag und wechsle einige Versicherungen.« Ihr Ex-Freund Paul, der sich in Geldangelegenheiten gut auskennt, bot ihr an, sie bezüglich der optimalen Geldanlage zu beraten.

Trotz dieser Strategie hatte sie ihr Ziel nicht erreicht. Schon nach zwei Monaten war sie die strikte Geldkontrolle leid: »Das ewige Ausschau halten nach Sonderangeboten hat mich genervt, und auch das Aufschreiben war mir zu buchhalterisch. Paul habe ich drei Mal vertröstet, bis er sich nicht mehr gemeldet hat. Die Versicherung habe ich bis heute nicht gewechselt. Immerhin habe ich den Fitnessvertrag gekündigt – ich habe mit Trekking begonnen und brauche dafür das Geld.«

Ramona fehlte es an Kontinuität. Ihre Zielsetzung und die ange-fangene Strategie waren nur ein Strohfeuer. Mangelnde Kontinuität ist eine der hervorstechendsten Verlierer-Eigenschaften. Wenn Sie kei-ne Kontinuität aufrechterhalten, entziehen Sie der besten Strategie den Boden und werden Ihr Ziel niemals erreichen.

* Welche Dinge verfolgen Sie eisern, ohne Zwangsgefühle?

Mangelnder Elan

Mangelnder Elan vereitelt Ihr persönliches Weiterkommen. Wenn Sie am Samstagmorgen lange im Bett bleiben, anstatt einen Fortbildungs-kurs zu besuchen, brauchen Sie sich nicht zu wundern, wenn Ihr Kol-lege, der diesen Kurs besucht, Sie überrundet.

Wenn Sie lieber Chips vor dem Fernseher essen, anstatt Sport zu treiben, wissen Sie, warum Ihre Figur schwammig wird.

Ihr Freund hatte schon damals die besseren Mädchen, weil er mehr Elan besaß, weil er wusste, dass den Aktiven die Welt gehört: in der Schule, auf dem Sportplatz, im Schwimmbad.

Viel Elan zu haben, bedeutet sein eigenes Karussell anzukurbeln. Wenig Elan zu haben, heißt gerade einmal fragen zu dürfen, ob man mitfahren darf. Kein Elan zu besitzen bedeutet, daneben zu stehen und den Karussellfahrern nur zuzusehen.

Haben Sie Elan, werden Sie mit Menschen zusammen sein, die eben-falls Elan zeigen. Haben Sie keinen, sind Sie ein Außenseiter, der an seiner Trägheit leidet (es sich aber nicht eingesteht) oder gehören zu einer Gruppe von Fernsehguckern und Chipsessern.

Sollte dies der Fall sein, dann sieben Sie Ihren Freundeskreis aus und suchen Sie sich Menschen, die Sie mitziehen. Sie brauchen je-manden, der Sie aufrichtet, wenn Sie niedergeschlagen sind, der mit ihnen einen Waldlauf macht oder mit Ihnen ausgeht. Nehmen Sie solche Angebote an und beginnen Sie möglichst schnell, sich dafür zu revanchieren.

* Wer in Ihrem Freundeskreis ist für seinen/ihren Elan bekannt?
* Zieht diese/dieser auch andere mit? Wenn ja, wie geht sie/er das an?
* Wann hatten und haben Sie am meisten Elan?

Fehlender Ehrgeiz

Ohne Ehrgeiz erreichen Sie nichts Bedeutendes. Ehrgeiz schürt Ihre Energie. Er ist Ihr Streben nach Erfolg, der Antriebsmotor für große Leistungen. Ehrgeiz hält die Welt in Schwung. Er gibt dem Elan die Hand. Wer nicht ehrgeizig ist, hat im Grunde kein Ziel, das er anstrebt. Darum ist er nicht motiviert.

Wer ehrgeizig ist, hat nicht nur ein Ziel, sondern er strebt so lange danach, bis er es erreicht – Edison hat selbst nach tausend Fehlversuchen nicht der Ehrgeiz verlassen, die Glühbirne zu erfinden.

Wenn Sie nichts haben, das Ihren Ehrgeiz aufstachelt, werden Sie sich nicht weiter entwickeln. Wenn Sie sich nicht selbst um Bereicherungen in Ihrem Leben bemühen, wird nichts Ihr Leben bereichern.

Ehrgeiz beschränkt sich nicht auf wirtschaftliche oder sportliche Resultate, er kann in allen Lebensbereichen positiv zum Tragen kommen.

Oft wird Ehrgeiz mit negativen Werten besetzt, man hört vom Ehrgeizling, der rücksichtslos nur seine Interessen verfolgt und seine Mitmenschen kaltblütig übergeht. Diese Art von Ehrgeiz meine ich nicht. Es geht hier um gesunden, fördernden Ehrgeiz, der sogar die Macht besitzt, andere mitzuziehen.

* Kennen Sie ehrgeizige Menschen? Schätzen Sie diese oder sprechen Sie abfällig über sie (»Streber«, »Karrierist«)?

Mangelnde Aggressivität

Um eigene Ziele durchzusetzen, muss man ab und an kontrolliert aggressiv sein. Kontrollierte Aggressivität hat nichts mit Überreagieren, hysterischem Herumschreien oder gar Handgreiflichkeiten zu tun, sondern mit der Fähigkeit sich auf massive Konfrontationen einzulassen: Sie wollen von Ihrem Partner eine konkrete Aussage haben, ob er Sie betrogen hat oder nicht. Das sagen Sie ihm so klar und deutlich, wie Sie nie zuvor etwas anderes gesagt haben. Dabei sehen Sie ihn mit eindringlichem Blick in seine Augen. Er spürt mit jeder Faser, dass Sie es ernst meinen.

Setzen Sie Aggressivität bewusst ein. Sprechen Sie bei einer Auseinandersetzung kalkuliert laut, um danach sofort wieder Ihre Stimme zu senken. So vermitteln Sie Ihrem Kontrahenten den Spielraum Ihrer Potentiale.

Wenn Sie den Begriff »Aggression« ausschließlich negativ deuten, begrenzen Sie sich mit dieser Wertung. Sie werden stets versuchen, nicht aggressiv zu sein. Dadurch unterliegen Sie bei einer Auseinandersetzung, in der die kalkulierte Aggression ein Manipulationsmittel ist – bei Bewerbungsgesprächen in mittleren und oberen Führungsebenen zum Beispiel.

Bewusste Aggressivität bedeutet nicht nur eine bestimmte Form von Durchsetzungsvermögen bei menschlichen Auseinandersetzungen. Sie ist auch ein Mittel, um nachlassende Beharrlichkeit anzutreiben, ein Mittel gegen den inneren Schweinehund: Sie wollen vorzeitig einen Waldlauf abbrechen, geben sich dann einen Ruck, feuern sich selbst an und beenden ihn.

* In welchen Momenten würden Sie sich mehr eigene Aggressivität wünschen?

Beeinflussbarkeit

Die Beeinflussbarkeit der Menschen weiß niemand besser als die Konsumgüterindustrie zu nutzen. Mit ausgetüfteltem Marketing, das gezielt die Kenntnisse der Psychologie anwendet, bringen sie die Kunden zum Kauf.

Es gibt keinen Bereich in Ihrem Leben, in dem Sie nicht beeinflusst sind – von der Kleidung, die Sie tragen, über die Musik, die Sie hören, die Bücher, die Sie lesen, die Fernsehsendungen, die Sie ansehen, die Lebens- und Waschmittel, die Sie kaufen, die Zahnpasta und Duschgels, die Sie benutzen.

Sie sprechen zum Teil vorgefertigte Meinungen nach, wenn es Inhalte betrifft, mit denen Sie nicht gut vertraut sind. Geht es um spezielle Themen, wie Steuern, Umwelt oder Politik, hören Sie auf die sogenannten Fachleute, selbst wenn diese sich stets widersprechen.

Als Verlierer im Alltag sind Sie negativer Beeinflussung nicht abgeneigt: »Das schaffst du nie, überleg doch mal selbst ... «, »Lass das lieber bleiben, denn wenn das scheitert, hast du verloren ... «. Anstatt diese subjektiven Äußerungen zu missbilligen, beherzigen Sie sie. Dadurch werden Sie nie über Ihre Grenzen hinauswachsen.

Beeinflussbar sind Sie sowohl in negativer als auch in positiver Hinsicht. Wichtig für Sie ist, dass Sie Ihre eigene Beeinflussbarkeit erkennen und selbst deren Grad festlegen. Sperren Sie sich nicht gegen positive Beeinflussung, sondern nehmen Sie diese anerkennend auf und profitieren Sie davon.

* Kommt es vor, dass Sie denken: »Ich weiß, dass es ungesund (albern, falsch...) ist, aber ich mache es trotzdem.«

Neid

Zu Zweifeln über die eigene Lebensqualität und die eigenen Fähigkeiten gesellen sich oft Vergleiche über das Leben und die Fähigkeiten anderer: »Der hat's gut«, »Dem geht's besser als mir«, »Der gelingt alles«, lauten oft geäußerte Meinungen.

Wenn Sie sich bei solchen Formulierungen auch schon ertappt haben, streichen Sie sie komplett aus Ihrem Denken! Sie sind negativ und entstammen einer subjektiven Fehleinschätzung.

Sie wissen aus eigener Erfahrung, dass jeder Erfolg seinen Preis hat: Die zahlreichen Trainingsstunden des Kunstturners, die unzähligen Überstunden für den neuen Wagen, das belauschte Privatleben der Prominenten.

Die Hauptursache für Neid auf andere sind die eigenen Defizite.

Sie werden Ihre persönlichen Defizite in Ihrem Leben nicht dadurch beseitigen, dass Sie die Erfolge der anderen schlecht machen. Tun Sie das Gegenteil: Erkennen Sie die Vorteile, die Fähigkeiten, den Besitz usw. des anderen aufrichtig an. Bedenken Sie:

Es gibt nichts auf der Welt, was des Neides wert ist.

* Wann waren Sie das letzte Mal neidisch und warum?
* Wie sind Sie, wenn Sie neidisch sind? Welche Gefühle kommen in Ihnen hoch?
* Ist auch jemand neidisch auf Sie? Worauf könnte jemand auf Sie neidisch sein?

Ungeduld

Nichts kann Ihnen schnell genug gehen – Ihr PC arbeitet zu langsam, die Warteschlangen in den Geschäften nerven Sie, die Bücher sind Ihnen zu dick und den neuen Schrank wollen Sie gleich vom Möbelhaus mitnehmen.

Sie wollen schnell schlank sein, schnell schön, schnell erfolgreich.

Wer mit solchen Ansprüchen durchs Leben hastet, birgt schon ein recht hohes Maß an Abgestumpftheit in sich. Er kultiviert einen verzerrten Zeit-Wert-Begriff, weil er die Verhältnisse zwischen Vorgängen und der dafür notwendigen Zeit nicht erkennt.

Alles auf der Welt braucht seine bestimmte Zeit. Jahrtausende hat der Mensch mit den Zyklen der Natur in Einklang gelebt – Tag und Nacht, Frühling und Herbst, Sommer und Winter, Ebbe und Flut, Wachen und Schlafen. Durch unseren technischen Fortschritt wird dieser Einklang zunehmend zerstört. Im Sog der Schnelligkeits-Manie verliert nicht nur der Augenblick an Bedeutung, sondern das gesamte Sein im Hier und Jetzt.

Was bedeutet es, wenn Sie schnell abnehmen oder schnell erfolgreich sein wollen? Sie leben die Gegenwart nicht bewusst, sondern hecheln Ihrem Wunschbild in der Zukunft hinterher! Dabei verdrängen Sie, dass Sie nicht von heute auf morgen dick geworden sind, gealtert oder Ihr Erfolg nachgelassen hat.

Entwicklungsprozesse brauchen Zeit, und je vielschichtiger sie sind, umso mehr Zeit brauchen sie:

Wenn Sie 20 Kilogramm abnehmen wollen und pro Woche 500 Gramm an Gewicht verlieren, haben Sie im November das Ziel erreicht, das Sie sich an Neujahr gesetzt haben. Den meisten dauert das zu lange, sie wollen keine zehn Monate dafür aufwenden, sondern nur ein paar Wochen. Sie sehen nicht den Weg, sondern nur das Ziel. Sie probieren Diäten aus, die anfangs ein paar Kilogramm aufzehren, aber keinen langfristigen Bestand haben. Anstatt den Prozess des

Abnehmens als eine Entwicklung zu sehen, bei der man neue Erkenntnisse über die Ernährung und den Körper gewinnt, in der man bewusster einkauft, in die Sauna geht und sich mehr an der frischen Luft bewegt, machen sie das Gegenteil: Sie reduzieren sich auf den Diätplan einer Trend-Zeitschrift und arbeiten nicht an ihrem Bewusstsein.

Sich in Geduld üben bedeutet, das Verhältnis von Zeit und Entwicklung zu erkennen und anzunehmen.

* Zählen Sie drei Situationen auf, in denen Sie sehr ungeduldig waren bzw. sind. Wie sind Sie, wenn Sie ungeduldig sind?

Die Auflistung der Eigenschaften des Verlierers umfasst die zentralen Wesensausprägungen und Verhaltensmuster, die allen Menschen mehr oder weniger eigen sind.

Keines dieser sozialpsychologischen Grundmuster steht für sich allein, sondern sie sind alle auf die vielfältigste Art miteinander verknüpft. Dadurch bilden sie wiederum andere, weitere Ausprägungen: Angst vor Kritik, verbunden mit falschen Überzeugungen, kann sich zu Hassgefühlen steigern. Eine extreme Angst vor Liebesentzug kann zu Bindungsangst und totaler Vereinsamung führen.

Die unzähligen Kombinationsmöglichkeiten der Grundmuster spiegeln die Komplexität des Menschen wider. Eine Kategorisierung in Charaktertypen, Verhaltensweisen usw. ist demnach nur eine Annäherung an das »System Mensch«.

Es geht hier weder darum, einen vollendeten Katalog aller menschlichen Schwächen zusammenzustellen noch darum, wissenschaftliche Tiefenpsychologie zu betreiben. Wesentlich ist, dass Sie die Grundlage besitzen, um Ihre persönliche Situation zu deuten und zu ändern.

Warnsignale der Seele

»Ändere dein Leben, wenn Körper und Seele aufbegehren.«

Yamamoto Magune

Die Warnsignale erkennen

Ihr Organismus ist ein duldsames Wesen. Sie können ihn jahrelang mit aufreibender Arbeit schinden und im Gegenzug mit Schlafmangel foltern. Sie können ihn mit Bewegungsarmut und schlechter Luft lähmen und ihn mit falscher Ernährung, Alkohol und Zigaretten zum Wrack verkommen lassen. Der menschliche Organismus verkraftet ein extremes Maß an schleichender Zerstörung, bis er stirbt.

Arashi befasst sich mit Psychologie, nicht mit Psychiatrie. Arashi setzt viel früher an und stellt die Frage: Wie äußern sich seelische Warnsignale, wenn »alles in Ordnung« zu sein scheint, wenn keine auffallenden Missstände bestehen, wenn weder Esssucht noch Appetitlosigkeit herrschen, kein besonderer Stress das Leben verdirbt und einen auch keine Alpträume drangsalieren? Wann und wie spüren Sie, dass Ihre Seele unter dem Alltagstrott leidet?

Die meisten Menschen sind schon so gefühlsstumpf, dass sie die ersten Warnzeichen ihrer Seele gar nicht als solche deuten, weil sie nicht als körperliche Mängel auftreten. Hier besteht eine große Gefahr, denn wie kann ich einer drohenden Krankheit vorbeugen, wie eine bestehende heilen, wenn ich ihre Symptome nicht (er)kenne?

Körperliche Beschwerden (nervöse Zuckungen, Schlafstörungen, Verdauungsprobleme, Magenzucken, Herzstechen usw.) treten erst dann auf, wenn die Warnsignale der Seele auf lange Dauer missachtet werden.

Arashi lässt es gar nicht so weit kommen. Wer Arashi beherrscht,

weiß die Zeichen zu deuten, die ihm die Seele als Warnsignale schickt.
Erste seelische Warnsignale erkennen Sie daran, dass

1. Ihre Lebensenergie, die Alltagskraft, die Basis für Ihre Lebensqualität, nachlässt
2. Ihre Begeisterungsfähigkeit schwindet
3. Ihre natürliche Freude in Ihnen zurückgeht

Wenn die Lebensenergie schwindet

Vergleichen Sie Ihre Situation mit Anna-Claudias Schilderung:

»In Hannover brauchte ich keinen Wecker – nach tiefem Schlaf weckte mich meine innere Uhr. Wenn die Sonne zum Fenster hereinschien, riss ich die Decke weg und sprang aus dem Bett. Ich beeilte mich im Bad, um in Ruhe zu frühstücken und dann zeitig ins Geschäft zu fahren. Ich hatte verdammt viel Energie.

Seit ich hier Taxi fahre, hat sich das gewaltig geändert. Der Schichtdienst hat meine innere Uhr ruiniert. Ich lasse mich vom Radiowecker aus meiner Schlaftrunkenheit reißen und brauche eine ganze Weile, bis ich vom neuen Tag Notiz nehme. Wie eine Puppe richte ich mich auf, registriere meine Kreuzschmerzen, meinen schlechten Atem und das heruntergefallene Buch, über das ich beim Lesen eingeschlafen bin. Träge schlürfe ich ins Bad und komme dort erst nach einer heißen Dusche langsam auf Touren.

Mein Frühstück, eine hastig getrunkene Tasse Kaffee und ein Marmeladentoast, dauert nur wenige Minuten. Ich fahre zur Zentrale, warte auf Kundschaft und lese. Dann mache ich eine Tour, warte auf Kundschaft, lese weiter. Zehn Seiten später fahre ich die nächste Tour. Am »Kö« unterhalte ich mich mit den Kollegen. Gegen Mittag bringt Horst mir einen Döner mit. Ich warte. Lese. Robotergleich treibe ich dem Feierabend entgegen, müde und ausgelaugt. Ich habe überhaupt keine Energie mehr, obwohl ich mich körperlich gar nicht anstrenge.«

> *Ihre Lebensenergie offenbart sich in der Art und Weise, wie Sie Ihren Alltag angehen, mit welcher Vehemenz Sie Ihre Aufgaben anpacken und Ihre Probleme lösen. Sie begleitet Sie vom Aufstehen bis zum Schlafengehen und entscheidet über die Qualität Ihres Alltags. Viel Lebensenergie heißt viel Alltagsqualität, wenig Lebensenergie das Gegenteil.*

Untrügliche Zeichen dafür, dass Ihre Lebensenergie schwindet sind:
- Ihre Bereitschaft zu Anstrengungen im Alltag lässt nach. Rasen mähen bedeutet für Sie nicht mehr Ausgleich, sondern Bürde. Mit Widerwillen nehmen Sie Büroarbeit mit nach Hause und spüren innere Auflehnung, wenn Überstunden von Ihnen verlangt werden.
- Ein natürliches Hungergefühl durch körperliche Arbeit, wandern oder Sport treiben haben Sie schon lange nicht mehr verspürt, stattdessen kompensieren Sie berufliche oder soziale Misserfolge (Mangel an zwischenmenschlichen Beziehungen, Streit) – Sie wollen wenigstens viel und ausgiebig essen, wenn schon der Tag nicht sonderlich erfolgreich war.
- Ihre Lust auf Sex ist gering oder zwiespältig. Sie entwickeln keinen Einsatz, um guten Sex zu haben. Deshalb findet er nur noch ab und zu am Wochenende, einmal im Monat oder gar nicht mehr statt. Sie hegen sexuelle Phantasien, aber diese wahren Sie als Ihr Geheimnis, das Sie weder preisgeben noch verwirklichen werden.
- Sie machen sich Gedanken vor dem Einschlafen, können diese aber nicht ordnen. Mit ungelösten Problemen schlafen Sie unruhig und kommen morgens schlecht aus dem Bett.
- Das Arbeitspensum, das Sie noch vor ein paar Jahren locker bewältigten, macht Ihnen zunehmend zu schaffen. Sie merken, wie Sie schneller ermüden, wie Ihre Augen schon nach ein paar Stunden vor dem PC tränen und wie verspannt Ihr Nacken ist.
- Sie fahren nicht mehr so leger Auto. Den Straßenlärm empfinden Sie lauter als früher und überhaupt belastet Sie die gesamte Verkehrssituation zunehmend.

- Sie sind wetterfühlig geworden. Fön, Hitze und das Ozonloch machen Ihnen zu schaffen. Sie spüren die Autoabgase und die Abgase der Industrie beim Atmen.
- Die Einflüsse Ihrer sozialen Umwelt belasten Sie ebenfalls – beruflicher und familiärer Stress schwächen Ihren Organismus. Wenn Sie hochrechnen, wie oft Sie in diesem Jahr Kopfschmerzen hatten, verschnupft oder sonstwie erschöpft waren, muss Ihnen das zu denken geben.
- Sie sind abgespannt und brauchen Erholung. Diese suchen Sie fatalerweise Bier trinkend oder Süßigkeiten essend vor dem Fernseher. Doch das ist keine Erholung, denn statt Regeneration fördert es die Trägheit und verbindet weitere Mängel miteinander: Übergewicht, soziale Vereinsamung und Manipulierbarkeit durch Werbung und kommerzielle Sendungen.
- Wenn Sie sich doch einmal zu einer sportlichen Aktivität haben hinreißen lassen, dann hat sie Ihnen geschadet statt gut getan: Durch falsche Trainingsmethoden und *übertriebenen* Ehrgeiz haben Sie sich einen schmerzlichen Muskelkater oder vielleicht sogar eine Zerrung zugezogen.
- Das kommt Ihrer Trägheit gelegen. Sie fühlen sich in dem Ausspruch »Sport ist Mord« bestätigt und rechtfertigen Ihre weitere Untätigkeit damit, dass Sie sagen: »Ich habe es ja versucht, aber es soll eben nicht sein«.
- Man hört öfter Äußerungen von Ihnen wie »Ich bin im Stress« oder »Ich bin urlaubsreif«, ohne dass Sie etwas dagegen unternehmen.

Wo ist Ihre Begeisterung hin?

Begeisterung, warum ist sie wichtig? Warum ist es ein seelisches Warnsignal, wenn Sie sich für nichts begeistern?
Dazu einige wichtige Fragen:
- Wann haben Ihre Augen zum letzten Mal geleuchtet? Wann hatten

sie dieses schöne Funkeln, das leidenschaftlichen Eifer widerspiegelt?
* Was gibt es in Ihrem Leben, das Ihren Augen dieses Funkeln schenkt? Für was begeistern Sie sich? Für welche Sache ist Ihnen keine Stunde zu früh, kein Weg zu weit, keine Fahrt zu beschwerlich?
* Worin vergessen Sie die Zeit und sind mit vollkommenem Glücksgefühl durchströmt?

Wenn Sie von etwas begeistert erzählen, dann überschlägt sich Ihre Stimme. Sie versuchen sich dann zurückzunehmen, um andere damit nicht zu »überrollen«. Sie besitzen einen unermüdlichen Ehrgeiz, alles über Ihr Objekt der Begeisterung wissen zu wollen und sind ständig bestrebt Neues darüber zu erfahren. Sie fiebern Ereignissen entgegen, die Ihnen Ihre Sache näher bringt (zum Beispiel eine totale Sonnenfinsternis, wenn Sie Astronom sind) und sagen Termine deswegen ab.

Sie brauchen Begeisterung!
Begeisterung ist das Feuer in Ihnen,
das Leidenschaft weckt. Begeisterung nimmt Sie ein,
weckt Ihre Sinne, lässt Sie die Zeit vergessen
und durchströmt Sie mit Glücksgefühlen.

Prüfen Sie Ihre Begeisterungsfähigkeit. Beantworten Sie folgende Fragen ganz ausführlich:
* Was begeistert mich?
* Wie bin ich, wenn ich begeistert bin?

Sollten Sie bemerken, dass mit nachlassender Energie auch Ihre Begeisterungsfähigkeit zerfällt, müssen Sie den zweiten Schritt vor dem ersten tun: erst auf die Begeisterung konzentrieren, dann auf die Lebensenergie. Warum? Begeisterung ist ein Teil der Lebensenergie. Es ist leichter Ihre Aufmerksamkeit auf die Dinge zu fokussieren, die Sie begeistern, um dadurch neue Energie zu aktivieren, als für Alltagsdinge, zu denen Sie keine Lust haben.

Holen Sie sich Ihre Begeisterungsfähigkeit zurück!

* Suchen Sie Leute, die sich für die gleichen Dinge wie Sie interessieren, die ein deutliches Mehr an Begeisterung als Sie besitzen.
* Lassen Sie sich von diesen Menschen inspirieren und mitziehen.
* Besuchen Sie entsprechende Kurse. Dort werden Sie diese Menschen treffen.
* Gehen Sie mit den Teilnehmern nach dem Kurs noch aus und knüpfen Sie im persönlicheren Rahmen Kontakte. In privater Atmosphäre kommen sich die Kursteilnehmer viel näher, da im Kurs wenig Möglichkeit dazu besteht.

Die wieder gefundene Begeisterung gibt Ihnen die ersten wichtigen Impulse, die Sie brauchen, um sich Ihre neue Alltagskraft zurückzuholen.

Warum lachen Kinder öfter als Erwachsene?

Energie und Begeisterungsfähigkeit gehören zusammen. Sie ergänzen sich. Nehmen Sie (Ihre) Kinder als Beispiel: Als kleine Entdecker forschen sie unermüdlich. Sie wollen ihre Welt erkunden. Sie sind unbekümmert und besitzen Elan. Ihre Augen funkeln beim Drachen steigen lassen oder beim Rodeln über pulvrigen Schnee – sie sind begeistert und haben deswegen Energie.

Die Lebensenergie aufgeweckter und gesunder Kinder scheint grenzenlos. Zu ihrem Wissensdrang gehört ebenfalls ihre natürliche Freude an allen Dingen und ihr Lachen. Kinder lachen um vieles mehr als Erwachsene.

»Ich erinnere mich noch gut, wie es bei mir war«, erzählt Petra, Hausfrau und Mutter der sechsjährigen Tanja, die sie zweimal in der Woche ins Training bringt. »Ich war immer schon vor meinen Eltern wach und musste vom Spielen weggezogen werden, wenn es ans Essen ging oder ins Bett. Mein Kinderdasein war unbeschwert und spielerisch. Ohne Sorgen konnte ich in den Tag hineinleben, ich brauchte mich um nichts zu kümmern. Da gab es keine Existenzängste oder ein Grübeln über die Zukunft.«

Das hat sich mit den Jahren geändert. Die geschiedene Mutter, die halbtags in einem Drogeriemarkt arbeitet, erzählt weiter: »Ich hetze von Termin zu Termin, den Kopf voll mit Aufgaben: Kindergarten, Arztbesuche, einkaufen, Haushalt. Ich habe niemanden mehr, der mir das Leben aus der Hand nimmt, der mich füttert und anzieht, mir Gutenachtgeschichten vorliest oder mich tröstet, wenn ich mit dem Rad gestürzt bin. Ich denke, alles hat sich ins Gegenteil gekehrt. An mir ist es jetzt, das zurückzugeben, was ich früher von meinen Eltern bekommen habe. Ich bin jetzt diejenige, die den Drachen kauft und die Tränen trocknet, wenn er abstürzt. Das ist der Ernst des Lebens.«

Bedingt der viel zitierte Ernst des Lebens ebenfalls, dass im Zuge des Erwachsenwerdens die »Kindereigenschaften«, unsere Neugierde und unser natürliches, urteilsfreies Lachen verschwinden?

Das, was der Volksmund als den »Ernst des Lebens« und »Erwachsen werden« bezeichnet, ist verkettet mit Dutzenden von Konditionierungen: Sie machen Erfahrungen, reagieren darauf, speichern die Verbindung Erfahrung-Reaktion und reagieren entsprechend bei ähnlichen Vorkommnissen. Am Beispiel des Lachens verläuft dies so: Kinder lachen spontan ohne nachzudenken. Dieses spontane Lachen wird durch Erziehung oder durch negative Erfahrungen (die auch Erziehung ist) diszipliniert.

Ihr Bewusstsein *bewertet* heute, da Sie kein Kind mehr sind, ob Sie über etwas lachen dürfen, ob es für Sie vertretbar ist, ob Sie jemanden anderen damit verletzen. Diese Bewertung erfolgt ähnlich einem Reflex in Sekundenbruchteilen. Das ist der Grund für die unterschiedlichen Reaktionen im Publikum bei einem anrüchigen Witz: Wo die einen lauthals lachen, verziehen andere argwöhnisch den Mund.

Auslachen ist eine Angelegenheit der Kinder. Erwachsene lachen wohl, aber sie lachen nicht aus, zumindest nicht mit der unschuldigen und verletzenden Ehrlichkeit der Kinder.

Irgendwann sind Sie als Kind einmal gerügt worden, weil Sie mit Ihrem kindlichen Unwissen einen Stotterer auslachten – dabei hat Sie nur der Umstand des Stotterns an sich amüsiert, weil dort einer anders sprach, als es in Ihr angelerntes Bewertungsschema passte. Diese Rüge haben Sie gespeichert: Der nächste Stotterer wurde akzeptiert, vielleicht sogar bemitleidet – die Konditionierung hat gegriffen.

Ihr Älterwerden wird von einer unablässigen Folge von Konditionierungen und Manipulationen begleitet. Wenn Sie deren Hintergründe durchschaut haben, gibt es Ihnen ein Stück Freiheit wieder. Die Freiheit nämlich, die Ihnen Ihr natürliches Lachen ebenso zurückbringt wie Ihre Begeisterungsfähigkeit.

»Sie glauben also, populärwissenschaftliches Selbstbedoktern bringt die Kindheit zurück?«, kritisierte mich einmal ein Skeptiker bei einem Vortrag. Er hatte nicht verstanden, dass es nicht darum geht, die Kindheit zurückzuholen, sondern darum, dass Sie die Konditionierungen durchschauen und sich über diese hinwegsetzen: Wer und was hindert Sie, so natürlich und unbefangen zu sein wie Kinder?

Unbefangenheit und Offenheit sind Voraussetzungen für natürliches Lachen und stärkende Elemente Ihrer Lebensenergie.

Es liegt an Ihnen, die Konditionierung »Der Ernst des Lebens« umzukehren in »Der Spaß des Lebens«. Denken Sie darüber nach, wie Sie zu dem ernsten Erwachsenen geworden sind, der viel lieber öfters lustig wäre – und dies ohne aufgesetzte Anlässe wie Karneval und Oktoberfest.

Kultivieren Sie Ihr natürliches Lachen. Schauen Sie es sich von den Kindern ab. Lesen Sie humorvolle Bücher und besuchen Sie kabarettistische Veranstaltungen.

Vor allem: Schaffen Sie selbst Heiterkeit, machen Sie kultivierte Scherze, suchen Sie Humorvolles in Alltagsszenen.

»Ich war noch nie ein Spaßvogel« oder »Ich lache nicht viel, denn im Grunde meines Herzens bin ich ein ernster Mensch« mögen Sie entgegnen und damit meinen Ratschlägen trotzen. Wenn dem so ist, dann ist es gut so – Arashi ist eine sehr ernste Angelegenheit. Aber Ernsthaftigkeit und Humor schließen einander nicht aus. Ich will Ihnen auch keine Lachtherapie aufzwingen, es geht darum, dass Sie sich und Ihr Verhalten analysieren.

Zwei neue Fragen für Ihren Schreibblock:
* Haben Sie früher mehr gelacht als heute? Wenn ja, warum? Lachen Sie heute mehr als früher? Wenn ja, was ist der Grund?
* Was bringt Sie zum Lachen?

Das Gift Unzufriedenheit

Wenn alle drei Bereiche – Lebensenergie, Begeisterung, natürliches Lachen – verschwunden sind, haben Sie den Zustand erreicht, der da heißt: Unzufriedenheit.

Sie sind vom Alltagstrott und den Umständen vergiftet – besser: Sie haben sich selbst vergiftet mit der Situation, die Sie sich geschaffen haben.

Täglich nehmen Sie eine neue kleine Menge des Gifts. Die Dosierung ist nicht hoch, Sie können das über Jahre fortsetzen, bis Sie resistent dagegen geworden sind und als notorischer Querulant in Ihrem Alltagssumpf hin- und herwaten.

Das Gift Unzufriedenheit besteht aus zwei Ingredienzen: aus dem althergebrachten lähmenden Trott und aus der Überbürdung mit Pflichten.

Das Gift Unzufriedenheit verändert Sie – Anna-Claudia erzählte mir: »Als die Misere mit meinem Freund und meinem Job in der Buchhandlung begann, spürte ich deutliche Verschlechterungen: Ich war nicht mehr der heitere ausgelassene Mensch, der ich einmal war. Alles in meinem Leben schien sich negativ verändert zu haben: mein Beruf, meine Beziehung, meine wenigen Freunde. Überall sah ich nur Negatives. Ich sprach auf einmal schlecht über meine Nachbarn im Mietshaus, die mir früher gleichgültig waren. Ich suchte Negatives regelrecht, und entsprechend groß war meine Ausbeute. Einmal habe ich die dicke Petzold vom Balkon aus angeraunzt, weil sie mich mit ihrem Teppichgeklopfe aufgeweckt hatte, morgens um zehn ... Mehrere Male habe ich mich mit Anika gestritten, weil ich mir eingebildet hatte, Sie würde mir Kneipen-Bekanntschaften abspenstig machen. Es hätte nicht viel gefehlt und ich hätte hier noch meine beste Freundin verloren.«

Wenn die Unzufriedenheit in Ihnen frisst, haben Sie so gut wie nichts mehr, was Ihnen Halt gibt. Den Verlust Ihres Humors (Ihr natürliches Lachen sowieso) lange Zeit zuvor haben Sie gar nicht bemerkt. Sie haben statt dessen nur moniert, über welche geistlosen Dinge sich die anderen amüsieren.

Das allmähliche Verblassen Ihrer Begeisterung haben Sie ohne Nachdenken hingenommen. »Schließlich hat auch Begeisterung Grenzen«, lautete Ihre schwache Rechtfertigung, und Sie stützten diese mit »Ich kenne keinen, der so richtig von etwas begeistert ist«.

Nachdem Ihr Humor und Ihre Begeisterung bereits zerstört sind, wird der Druck der Unzufriedenheit immer stärker. Hartnäckig ignorieren Sie alle Warnsignale, bis es zum *Äußersten* kommt: Ihr Organismus wird zusammenbrechen und Sie und Ihr Leben als eine Ruine zurücklassen. Sie haben den Weg geebnet für Neurodermitis, Tinnitus, Magengeschwür, Herzinfarkt, Depressionen oder Krebs.

Erkennen Sie alle Warnsignale und nehmen Sie sie ernst! Untersuchen Sie kritisch welche Symptome bei Ihnen bereits grassieren und gehen Sie massiv dagegen an – wie Sie das erfolgreich anstellen, davon handelt dieses Buch.

Vom Schüler zum Meister

»Der echte Schüler lernt aus dem Bekannten
das Unbekannte entwickeln und nähert sich dem Meister.«

Goethe

Erforschen Sie die Ursachen

Um Goethe zu entsprechen, müssen Sie Ihre gesamte Wahrnehmung entwickeln. Sie müssen lernen neue Standpunkte einzunehmen und Dinge ihres Alltags (das Bekannte) von einer anderen Warte (das Unbekannte) aus zu betrachten:

- Was hat den Bettler dort vor dem Kaufhaus zum Betteln gebracht? Ist er nur arbeitsscheu oder hat ihn ein schweres Unglück aus der Bahn geworfen?
- Warum hat Ihr Nachbar seine Frau verlassen? Ist er ein skrupelloser Egoist oder ist sie manisch-depressiv und wollte ihn umbringen?
- Wieso hat das Nobelrestaurant in Ihrer Stadt die Pforten dicht gemacht? Trifft die polemische Floskel »Wegen Reichtum geschlossen« zu oder hat der Chef einen Herzschlag erlitten, weil er sich für seine Gäste aufgeopfert hatte?
- Weshalb hat Ihnen der freundliche Autohändler einen Gutschein mitgegeben? Ist er ein so großer Menschenfreund oder will er weitere Geschäfte machen?

✳ Notieren Sie sich drei Beispiele, wo Sie vorschnell und oberflächlich über jemanden (Nachbar, Verkäufer, Passant auf der Straße ...) oder eine Situation (im Straßenverkehr, beim Einkaufen ...) geurteilt haben. Wie denken Sie jetzt über diese Situationen?

Sagen Sie der Oberflächlichkeit den Kampf an. Trainieren Sie regelrecht, Dinge aus einem anderen Blickwinkel zu sehen und spüren Sie die wahren Gründe auf – kein Mensch tut im Leben etwas grundlos. Auch Sie haben nicht ohne Grund dieses Buch gekauft.

Die nachhaltigen Ansichten, die Sie durch eine neue, intensivere Betrachtungsweise gewinnen, erweitert nicht nur Ihre Wahrnehmung, sondern Ihr gesamtes Bewusstsein.

Das beste Beispiel für praktische Bewusstseinserweiterung im Alltag ist Aktivurlaub. Die Weisheit »Reisen bildet« bestätigt jeder, der sich *interessiert* in anderen Ländern bewegt und sich mit den Gepflogenheiten und den Hintergründen des dortigen Lebens auseinandersetzt.

Halten Sie diese Urlaubswachsamkeit für Ihr tägliches Leben aufrecht! Schweifen Sie nicht in die Ferne.

Die Kunst Arashi zu leben besteht darin, hier in unseren Regionen den hellen Geist, den gesunden Körper und die behütende Seele zu schulen und zu bewahren.

Erweitertes Bewusstsein in allen Lebensbereichen bewirkt das, was Sie sich letztlich zu Ziel gesetzt haben: ein neues Leben mit neuen Inspirationen, neuen Impulsen, neuen Erkenntnissen. Ein Leben, das erfüllt ist mit Sinn, mit Freude und Freundschaft, mit Harmonie und Liebe – das Leben des Siegers im Alltag.

Dieses Leben gibt es und es findet täglich statt – wenn Sie Ihre Wahrnehmung schulen und Arashi Stück für Stück umsetzen, wird es zunehmend bei Ihnen stattfinden.

Selbstbeurteilung

Das Manko von Fehleinschätzung haben wir schon besprochen. Jetzt sollen Sie nicht schätzen, sondern beurteilen, und zwar sich selbst. Sie brauchen diese Selbstbeurteilung für Ihren persönlichen Arashi-Weg.

Die Ergebnisse werden Ihnen deutlich die Richtung angeben, wo Sie Ihr inspiriertes Leben hinführen wird.

Beurteilen liegt eine Stufe höher als schätzen und verlangt Fakten. Für einen leichten Einstieg in Ihre Selbstbeurteilung vergleichen Sie sich mit früher, mit früheren Ansichten und Ansprüchen:

* Wie hat sich Ihr Geschmack bezüglich Unterhaltung, Musik, Film, Kunst, Kultur in den letzten zehn, zwanzig Jahren geändert?
* Welche Kleidung tragen Sie heute im Vergleich zu früher?
* Welche Themen (Familie, Kinder, Rente, Urlaub, Karriere usw.) interessieren Sie mehr als früher?

* Beurteilen Sie jetzt sich selbst. Beantworten Sie dazu schriftlich die vier folgenden Fragen:
1. Was kann ich gut?
2. Was macht mir Spaß?
3. Gibt es etwas, wofür ich bekannt bin oder worum ich um Rat und Hilfe gebeten werde?
4. Liege ich mit dieser Fähigkeit über dem Durchschnitt? Ja? Nein? Wie viel darüber? Wie viel darunter?

Das Salieri-Syndrom

»Dieser kichernd-lüsterne Clown dort unter dem Tisch, der mit der drallen Blondierten nascht und eindeutige Späßchen treibt, der soll Mozart sein?
Der Komponist so göttlicher Musik, der Schöpfer so kristallklarer, traumhaft empfindsamer Sonaten und der Kleinen Nachtmusik?«

Antonio Salieri in »Amadeus«

Die vorige Frage: »Liege ich mit dieser Fähigkeit über dem Durchschnitt?« betrifft die Frage nach Genie oder Mittelmaß und seinen Auswirkungen.

1984, dem zweiten Jahr meiner Walz, wohnte ich fünf Wochen auf dem Hamburger Kiez, wo ich die Wohnung zweier Prostituierten ausbaute. Nach Feierabend traf ich mich mit anderen Gesellen oder zog allein um die Häuser des sündigen Viertels. Ich hatte mir selbst zur Auflage gemacht, mindestens einmal in der Woche etwas Kulturelles zu unternehmen, um Abstand von der zwielichtigen Bohèmewirtschaft zu gewinnen.

Der scharfe Kontrast zwischen künstlerischen Darstellungen, denen ich mich im Theater oder in Museen gebannt widmete, und den fahlgesichtigen Freiern und Kneipengängern inspirierte mich nach dem Kinobesuch des preisgekrönten Films »Amadeus« zu einer Wortschöpfung: »Salieri-Syndrom«.

Antonio Salieri (1750–1825) war Hofkomponist und Kapellmeister in Wien. Er schrieb Kirchenmusik, Instrumentalwerke und 39 Opern. Als Lehrer unterrichtete er unter anderem die begnadeten Künstler Ludwig van Beethoven, Franz Liszt und Wolfgang Amadeus Mozart, dessen Tod verschuldet zu haben er bezichtigt wurde.

Alle seine Schüler überflügelten Salieri und ernteten mehr Ruhm als er, was ihn mit den Jahren verbittern ließ.

Salieri war *ehrgeizig, zielstrebig* und *arbeitsam*, damit besaß er die Attribute, die unerlässlich für Entwicklung sind. Obendrein verfügte er über diejenige innere Macht, die Flügel verleihen kann: *Sehnsucht!*

Aber: Salieri fehlte das Entscheidende. Das, was vonnöten war, um ein Komponist von Weltruhm zu werden – es fehlte ihm die göttliche Gabe der Genialität.

Salieri war, trotz seines Engagements und seiner Erfolge, bezogen auf die musische Fachwelt mit ihren Koryphäen, nur Durchschnitt. Er besaß weder die kompositorischen Fähigkeiten Mozarts noch die Fingerfertigkeit Liszts.

Um den Kampf zwischen Mittelmaß und Genialität nachzuempfinden, sehen Sie sich »Amadeus« an!

Ist es Ihnen mit Ihrer Lebensveränderung ernst, sind Sie heute den zweiten Tag Ihres Veränderungsurlaubes in den Bergen oder an der See. Ich hatte Ihnen zu Anfang des Buches (»Vier Tage ... «) angekündigt, Sie würden sich heute einen Videofilm ansehen. Das setzt natürlich voraus, dass es sowohl eine ansässige Videothek gibt, der Film entleihbar ist und es in Ihrer Pension einen Aufenthaltsraum mit Fernseher und Videorecorder gibt.

Für die Daheimgebliebenen heißt meine Aufforderung ebenfalls: Verschaffen Sie sich die Möglichkeit sich diesen Film anzusehen! Und denken Sie daran: Es ist wie mit dem Studium dieses Buches – Sehen Sie ihn sich nicht nur an – bringen Sie ihn mit Arashi in Verbindung und lassen Sie ihn und seine Botschaft auf sich einwirken wie heilende Medizin.

Dieser Film ist für Ihr persönliches Weiterkommen wichtig. Sie sollen sich durch ihn über sich klarer werden: Wo stehe ich auf dem großen Feld zwischen Durchschnitt und Spitze?

Betrachten Sie »Amadeus« mit all Ihrer Konzentration, all Ihrer Beobachtungsgabe und all Ihrem Einfühlungsvermögen. Versuchen Sie, sich in den Konflikt zwischen Mozartscher Genialität und Salierischem Mittelmaß hineinzuversetzen. Spüren Sie die zerstörerische Gier Salieris, dessen von Neid geschürten Hass. Fühlen Sie den brennenden Eifer Mozarts, der nichts über seine Musik stellt.

Empfinden Sie deren Freude und Schmerz, deren Sehnsucht, Begeisterung und Leidenschaft, und Ihnen wird bewusst, welche Gefühle Sie brauchen, um einen Sturm im Kopf zu entfachen, der Ihren Lebensbaum in Bewegung bringt.

Wunsch und Wirklichkeit

Begnadet sein wie Mozart ist eine Gottesgabe. Nur die wenigsten sind begnadet – es sind die sogenannten Wunderkinder, die Unkundige und Wissenschaftler gleichermaßen staunen machen.

Wird Begabung erkannt, geweckt und gefördert, kann sie sich entfalten und Wünsche können sich verwirklichen: Es war Mozarts Wunsch ein großer Komponist zu werden – sein Vater Leopold hatte ihm die beste Schule angedeihen lassen.

Wünsche sind Kraftgedanken. Aus Ihnen entwickeln sich Ziele. Auch Sie brauchen Wünsche, Sie müssen erfüllt sein von diesen, denn sie verleihen Ihnen Elan und wecken Ihren Ehrgeiz – das wissen Sie spätestens, seit Sie die Verlierer-Eigenschaften des ersten Kapitels kennen gelernt haben.

Aber: Zu jedem Wunsch gehört das richtige Maß Realismus! Wenn Motivationstrainer behaupten »Alles ist möglich« und mit Filmstars, Weltkonzerngründern und Modellathleten eine Reihe wirklich beeindruckender Beispiele anführen, haben Sie trotzdem nur bedingt Recht. Nicht umsonst beträgt die Anzahl der Erfolgslosen das 100000-fache der Erfolgreichen.

Diejenigen Super-Erfolgreichen, wie der Microsoft-Milliardär Bill Gates, der Formel-1-Weltmeister Michael Schuhmacher, die Pop-Ikone Madonna oder der Weltstar Michael Jackson usw., die immer als Paradebeispiele hergenommen werden, besitzen Fähigkeiten, wie

- absolutes Identifikationsvermögen mit ihrer Sache
- überdurchschnittliches Durchhaltevermögen bei Dauerstress
- hochgradiger Erfolgsdrang
- außergewöhnliche Kreativität, Willensstärke und Ehrgeiz.

Diese Eigenschaften, in diesem extremen Maß, besitzt die breite Masse einfach nicht.

Die Marktwirtschaft mit ihren vielschichtigen Verknüpfungen mit Managern, Vertriebsstrukturen, Presse und Merchandising bringt die Popularität und schließlich den (finanziellen) Erfolg, von dem uns die Medien berichten.

Dass diese extremen Erfolgsbeispiele auch mit Negativem beschattet sind, wie Nervenzusammenbrüchen, Drogenmissbrauch, Alkoholismus, Staranüren, eingeschränktem Privatleben und Medienabhängigkeit, ist hinlänglich bekannt.

Lassen Sie sich nicht von Glanz und Glitzer blenden, sondern schauen Sie auch hier hinter die Kulissen.

Seien Sie realistisch in Ihrem Wunschdenken. Analysieren Sie Ihre ganz persönliche Situation:
* Wo stehe ich?
* Was kann ich?
* Wo will ich hin?
lauten Ihre zentralen Fragen.

Wenn Sie als Klavierspieler schon alle lokalen und regionalen Preise gewonnen haben, kann Ihr Ziel lauten: »Ich will in den großen Konzerthäusern Europas spielen«. Sie werden alles tun, um zunächst bundesweit aufzutreten, um dann über die Grenzen Deutschlands bekannt zu werden.

Sie werden Menschen (Agenten, Konzertveranstalter, Sponsoren ...) treffen, die Ihr Interesse teilen, deren Geschäft es ist, an Ihrer Bekanntheit zu verdienen. Diese werden Sie bei der Verwirklichung Ihres Ziels unterstützen.

Wenn Sie vollkommen unmusikalisch sind und überdies Ihre Hand extrem kurze Finger aufweist, erübrigt sich das obige Wunsch- und Zieldenken von vornherein.

Wenn Sie von Geburt an mit unzähligen Gebrechen und Krankheiten geschlagen sind und ein leidendes Leben führen, werden Sie sich keine Karriere als Extremsportler ausmalen. Sie werden sich mit weniger bescheiden. Ihr sehnlichster Wunsch lautet: »Ich will gesund sein«. Ihr Ziel wird die Heilung einer Krankheit nach der anderen sein. Dazu werden Sie sämtliche Maßnahmen, Behandlungen, Kuren, Urlaube, Ernährungsstrategien anwenden.

Werden Sie sich durch diese Beispiele bewusst, dass Ihre Wünsche und Ziele zu Ihnen passen und realistisch sein müssen. Forschen Sie nach Ihren Begabungen und Talenten und decken Sie schonungslos Ihre Schwächen auf.

Sehnsucht

Mozart wurde von ihr – der Sehnsucht – in höchste Höhen und tiefste Abgründe getrieben. Beethoven brannte in ihrem Feuer. Auch in Salieris Brust schlug sie. Die Macht, die Flügel verleihen kann, das innige, brennende Verlangen nach etwas heißt Sehnsucht.

Jeder von uns kennt dieses Wort. Jeder von uns hat Sehnsucht schon erfahren. Wie lange ist das bei Ihnen her? Wie hoch loderten die Flammen in Ihnen? Was ersehnten Sie? Einen Menschen, einen Beruf, einen Ort ... ?

Welche Gefühle wurden in Ihnen wach, als Sie von Sehnsucht durchdrungen waren? Haben Sie auch dieses Brennen im ganzen Körper verspürt, dieses Hin- und Hergezogensein zwischen Dableiben oder Gehen? Haben Sie Ihre Sehnsucht ausgelebt oder diszipliniert? Fiel Sie einer Verlierer-Eigenschaft, etwa der Angst vor Ablehnung zum Opfer, oder hat Sie sie dazu gebracht, über sich hinauszuwachsen und Dinge zu tun, die Sie ohne sie nie getan hätten – vielleicht haben Sie wegen Ihrer Sehnsucht nach dem Buddhismus eine Reise nach Indien unternommen?

Sehnsucht gibt der Begeisterung die Hand. Wer begeisterungsfähig ist, der spürt auch das Lodern der Sehnsucht in sich. Wer sich für nichts begeistern kann, der ist ein sehnsuchtsloses Wesen.

Einstein und Sehnsucht

Die von Einstein nüchtern-wissenschaftlich formulierte Erkenntnis »Materie folgt dem Geist« reduziert auf vier Worte den Weg von der Idee zum materiellen Resultat: Alles was wir heute an technischen Errungenschaften nützen, ist vorher gedacht worden. Einstein teilte diese Entwicklung in vier Ebenen:

1. Ebene: unseren Geist, unsere Gedanken und Ideen auf ein bestimmtes Ziel ausrichten
2. Ebene: unsere Energie, die wir diesem Ziel widmen
3. Ebene: unsere Aktionen, mit denen wir das Ziel angehen
4. Ebene: das Resultat, das wir erreichen

Diese schematische Einteilung lässt sich auf alle Lebensbereiche anwenden und entbehrt trotz ihrer wissenschaftlichen Nüchternheit nicht der poetischen Kraft der Sehnsucht. Über unserem Intellekt steht die Sehnsucht. Sie ist die wahre Kraftquelle für wirklich herausragende Leistungen. Wenn Ihre Wünsche nicht von Sehnsucht getragen werden, fehlt es ihnen an Dimension. Kleinen Wünschen mögen Sie ohne Sehnsucht hinterher hängen, aber wirklich große Wünsche, die sich zu großen Zielen konkretisieren und schließlich außerordentliche Erfolge bescheren, fußen auf: Sehnsucht!

Aus Ihrer Sehnsucht entspringt alles. Seien Sie sehnsüchtig danach, Ihr Leben zu verändern und Sie werden es verändern.

Die Suche im Menschen

»Was man sucht, es lässt sich finden,
was man unbeachtet lässt, entflieht.«
Sophokles

Die Suche nach Erkenntnissen und Problemlösungen wohnt in uns und treibt uns an. Sie ist der Nährboden für menschliche Entwicklung auf allen Gebieten, wie Kultur, Kunst und Wissenschaft.

Die Suche als prägendes Element unseres Daseins lässt sich in drei Stufen unterteilen:

1. existentielle Stufe
2. ideelle Stufe
3. spirituelle Stufe

1. Die existentielle Stufe

Die Suche beginnt bereits im Kindesalter: Sie suchten nach Ihren Eltern, nach Geborgenheit und Schutz.

Als Sie älter wurden, setzte bei Ihnen die bewusste Suche ein: Sie hatten mittlerweile zwischen »Freund und Feind« zu unterscheiden gelernt – Sie suchten die einen, die anderen mieden Sie. Ihre Suche wurde von außen beeinflusst, durch Gespräche, Filme, Bücher und Zeitschriften.

Sie nabeln sich vom Elternhaus ab und gingen Ihren eigenen Weg. Diskussionen über Berufswahl, Geld verdienen, die eigene Wohnung standen an.

Sie jobbten als Babysitter, in Tankstellen oder in Kneipen. Sie entschieden sich für einen Partner, einen Beruf und die Stadt, wo Sie leben wollten. Ein Teil Ihrer Suche war somit abgeschlossen.

2. Die ideelle Stufe

Früher oder später werden Sie von Alltäglichkeit und routinemäßigen Handlungen heimgesucht. Es sei denn, Sie gehören zu den fünf Prozent der erfolgreichen Schauspieler, Musiker und Künstler, die ein Leben gewählt haben, das keine Routine zulässt.

Die Realität aber zeigt, dass dies bei den restlichen 95 Prozent nicht der Fall ist. Irgendwann haben sie Ihre Ausbildung beendet und sitzen sicher im Berufssessel.

Irgendwann lassen Ihre Diskotheken- und Kneipenbesuche nach, wiederholen sich Ihre Gesprächsthemen und irgendwann glauben sie alles zu kennen – Ihren Alltag, Ihren Beruf, Ihren Partner. Es tritt eine Phase des Stillstands ein.

Wenn Sie an diesem Punkt angelangt sind und zu denjenigen gehören, die Suche und Sehnsucht noch immer in sich tragen, selbst wenn sie über Zeiten brachlagen, dann werden Sie spüren, dass die Suche von neuem beginnt: Sie befinden sich auf der zweiten Stufe.

Die zweite Stufe unterscheidet sich von der ersten dadurch, dass Sie nicht mehr ausschließlich existentielle Dinge suchen. Ihr Wohnort steht fest, die Arbeitsstelle ist gesichert, die Wohnung abbezahlt, der Partner inzwischen Ehepartner. Sie haben sich im Laufe der Jahre bis zur vierten Ebene der Maslowschen Pyramide (mehr dazu im nächsten Kapitel) hochgearbeitet und spüren, wie etwas in Ihnen aufbegehrt.

Alex, 28 und von Beruf Programmierer, hat mir das bestätigt: »Es ist wie ein inneres Kribbeln. Ich habe mich dabei ertappt, wie ich genau diejenigen Dinge kritisierte, die ich mir über die Jahre hinweg selbst erschaffen habe – der Ablauf der Kneipenabende und der Wochenenden langweilte mich. Mein beruflicher Ehrgeiz ist merklich geschwunden und am Sonntag verfluche ich schon den Montag.«

Auf der zweiten Stufe machen Sie sich Gedanken wie: »Soll das jetzt schon alles gewesen sein?«. Sie spüren, dass etwas fehlt:

Auch Ramona, Verkäuferin in einem Jeansladen, befand sich mit ihren 32 Jahren in diesem Stadium: »Meine Beziehung mit Paul hat das Prickeln der frühen Zeit verloren. Da ist nichts mehr da. Wir haben mit Hypergeschwindigkeit jeden Zentimeter in unseren Köpfen und Körpern ausgekundschaftet, bis jeder von jedem auch alle Schattenseiten offen legte. Das wirkt sich natürlich auch auf den Sex aus – wir haben schon seit Monaten nicht mehr miteinander geschlafen.« Ausführlich zog sie Resümee und überführte sich dabei selbst des akuten Verdrusses:

»Unsere Themen, die wir allein oder mit unseren Freunden besprechen, wiederholen sich ständig. Sie kreisen um Beruf, Autos, Nachbarn und um den Tratsch aus den Zeitschriften. Ich sag dir, es kotzt mich an.«

❊ Was würden Sie Ramona raten?

3. Die spirituelle Stufe

Sie wissen jetzt: Während die erste Stufe sich auf existentielle Grundlagen wie Arbeit, Wohnungssuche usw. bezieht, greift die zweite Stufe Fragen nach Sinn und Zweck des eigenen beruflichen und privaten Handelns auf:

Alex fühlt sich am Computerbildschirm nicht mehr ausgelastet und macht sich Gedanken, wie er sich beruflich verändern kann. Ramona hat die alltägliche Monotonie ihres Lebens in Frage gestellt.

Arashi befasst sich vorherrschend mit der zweiten Stufe. Sie ist es, auf der Sie stehen, und mit Ihnen die gigantische Vielzahl der Suchenden, die Sie täglich sehen in der Straßenbahn, an Bushaltestellen, in der Fußgängerzone.

Die dritte Stufe, die Suche nach dem großen Warum, nach dem allumfassenden Sinn des Lebens, nach den kosmischen Zusammenhängen, ist nicht Thema dieses Buches.

Die Aufgabe von Arashi besteht darin, Ihnen aufzuzeigen, wie Sie die zweite Stufe meistern. Denn in dieser stecken Sie fest und suchen nach Auswegen.

Je nachdem mit welcher persönlichen Windstärke Sie Ihre Lebensveränderung angehen, werden Sie nicht geradewegs zur dritten Stufe gelangen und ebenso wenig zum fünften und höchsten Plateau der Maslowschen Pyramide. Sie werden teilweise zu tieferen Ebenen absteigen. Das bedeutet nichts Negatives. Wenn Ihre Lebensveränderung einen neuen Partner, einen neuen Job oder einen Ortswechsel nötig macht, sind Sie wieder bei der ersten Stufe angelangt und gleichlaufend werden Sie die unteren drei Ebenen der Pyramide mit neuen Augen sehen. Sie erreichen über »Umwege« Ihr Ziel und werden später, wenn Sie angekommen sind, erkennen, dass diese Umwege der eigentliche Weg Ihrer Entwicklung war und ist.

Erst wenn die Suche nach Veränderung für Sie nicht mehr vorrangig ist, macht es wirklich Sinn, sich der dritten Ebene eingehend zu widmen. Dann kommt auch Anna-Claudias zitierte Zen-Weisheit (»Alles ist so, wie es ist ... «) zum Tragen.

Die dritte Stufe zu verwirklichen suchen, wenn man mitten auf der zweiten Stufe festhängt, entbehrt jedes strategischen Scharfsinns. Sie wissen bereits aus dem Kapitel »Wunsch und Wirklichkeit« (S.73), dass Sie Zeit und Energie verschwenden, wenn Sie sich mit Inhalten beschäftigen, die nicht zu Ihrem momentanen Leben passen.

Die Bedürfnispyramide nach Maslow

Die Bedürfnispyramide wurde von Abraham Harold Maslow (1908–1970), einem amerikanischen Vertreter der humanistischen Psychologie entwickelt. Sie ist das bekannteste Modell in der allgemeinen Motivationspsychologie. Für Arashi ist sie als psychologische Grundlage wichtig.

Maslow hat das 3-Stufen-Modell noch weiter aufgeschlüsselt. Seine Theorie besagt, dass alle Menschen einer Bedürfnishierarchie unterstehen, die aus fünf Ebenen (siehe Abb. S. 82) besteht:

1. Ebene: physiologische Bedürfnisse
2. Ebene: Sicherheitsbedürfnisse
3. Ebene: soziale Bedürfnisse
4. Ebene: Bedürfnis nach Anerkennung
5. Ebene: Selbstverwirklichung und Transzendenz

In dieser Hierarchie beherrschen die Bedürfnisse auf den unteren Ebenen die Motivation eines Menschen so lange, wie sie unbefriedigt bleiben. Sind sie jedoch in angemessener Weise befriedigt worden, so beschäftigen die höheren Bedürfnisse die Aufmerksamkeit und die Bestrebungen des Menschen.

Er hat seine Theorie in der Form einer Motivpyramide anschaulich gemacht.

Bedürfnispyramide
nach Maslow

Trans-zendenz
spirituelle
Bedürfnisse,
sich mit dem
Kosmos in
Einklang fühlen

Selbstverwirklichung
eigenes Potential aus-
schöpfen, bedeutende
Ziele setzen   5

ästhetische Bedürfnisse
Ordnung, Schönheit
kognitive Bedürfnisse
Wissensdrang, Suche nach Neuem
Ich-Bedürfnisse
Anerkennung, Status, Prestige   4

soziale Bedürfnisse
Zugehörigkeit, Kontakt, Liebe   3

Sicherheitsbedürfnisse
Arbeitsplatzsicherung, Zukunftsvorsorge, Behaglichkeit,
Freisein von Angst   2

physiologische Bedürfnisse
Sauerstoff, Essen, Trinken, Ruhe, Sex   1

Sind Sie ein Schüler?

Mit Sicherheit sind Sie einer. Sie sind ein Schüler in der Schule des Lebens. Ob Sie ein guter oder schlechter Schüler sind, wird vor allem deutlich in

- der Art und Weise, wie Sie über die Dinge des Alltags denken und sprechen
- der Auswahl Ihres Freundeskreises
- Art und Anzahl Ihrer Hobbys
- Ihrem Beruf
- Ihrer Vorgehensweise bei der Suche nach den Antworten auf Ihre Lebensfragen

Beantworten Sie die fünf folgenden Fragenkomplexe zur Selbstanalyse:
1. Schneiden Sie in Gesprächen immer wieder alltagsbezogene Themen an, wie politische Veränderungen, kulturelle Ereignisse oder familiäre Geschehnisse?
❊ Bei welchen Themen zeigen Sie welche Reaktionen oder Gefühle wie Gleichgültigkeit (»Das lässt mich kalt.«), Ablehnung (»Da bin ich vollkommen anderer Meinung.«), Interesse (»Erzähl mir mehr davon.«) oder Begeisterung (»Das ist ja fantastisch, das muss ich auch sehen.«)?
❊ Was interessiert Sie an Ihren Mitmenschen mehr? Eher persönliche Dinge, wie deren charakterliche Entwicklung: »Klaus hat den Job bei der Maklerfirma gekündigt und macht jetzt eine Umschulung zum Schreiner« oder zwischenmenschliche Beziehungen: »Petra hat einen neuen Freund, mit dem Sie im Sommer auf Weltreise geht«, oder wollen Sie lieber wissen, wie es um deren finanzielle Errungenschaften steht: »Beate hat schon wieder eine Gehaltserhöhung bekommen und ein neuer Wagen steht auch vor der Tür.«?
2. Wie steht es mit Ihrem Freundeskreis? Was bedeuten für Sie die Begriffe Freund oder Freundschaft? Wie unterscheiden Sie Freunde von Bekannten? Haben Sie demnach mehr Bekannte als Freunde oder umgekehrt?

* Wie oft treffen Sie sich mit Freunden oder Bekannten?
* Wie gestaltet sich Ihre Freizeit – stets gleich oder abwechslungs-reich, sportlich oder mehr kulturell, eher passiv oder aktiv?
3. Welche Hobbys haben Sie?
* Gehen Sie mehreren Hobbys gleichzeitig nach oder betreiben Sie nur eines, dieses dafür so intensiv, dass man Sie als Experten be-zeichnen könnte?
4. Welchen Beruf üben Sie aus?
* Wie sind Sie bei Ihrer Berufswahl vorgegangen – haben Sie sich eine Strategie zurechtgelegt oder hat man (Eltern, Bekannte) Ihnen eine Stelle verschafft?
* Was waren die Hauptmotive für Ihren Beruf?
* Sind diese Motive heute noch die gleichen?
* Welche Entbehrungen (lange Anfahrt, ungewöhnliche Arbeitszeiten) sind Sie bereit für Ihren Beruf auf sich zu nehmen?
5. Welche Mittel benutzen Sie, um neue Erkenntnisse über sich und Ihr Leben zu erhalten?
* Welche Filme, Dokumentationen und Reportagen schauen bzw. hören Sie sich an?
* Wie viele Bücher besitzen Sie? Wie viele davon sind Romane, Sach-bücher, Fachbücher, Ratgeber?
* Welche Vorträge und Seminare haben Sie schon besucht?

Durch die gewissenhafte Beantwortung der Fragen analysieren Sie sich selbst immer besser und erstellen Ihr persönliches Profil. Sie schaffen sich dadurch eine fundierte Grundlage für Ihre Lebensveränderungen.

Achtung! Sollten Sie bei der Beantwortung der Fragen nachlässig werden, vergessen Sie bitte nie: Sie *müssen* über sich Bescheid wissen! Je genauer Sie über sich Bescheid wissen, umso erfolgreicher wird jede Aktion, die Sie für Ihr Leben durchführen. Warum gibt es wohl Betriebsanleitungen für Ihre Waschmaschine, Ihren Fernseher, Ihr Auto?

Wer schreibt die Betriebsanleitung für Ihren Geist, Ihren Körper, Ihre Seele? Sie selbst müssen das tun, denn Sie stehen sich selbst am nächsten. Wenn jemand in Sie hineinschauen kann, dann sind Sie es. Psychiater und Psychotherapeuten können Ihnen Hilfestellung geben – lösen müssen Sie Ihre Probleme allein.

Von Mentoren und Seminaren

>*Wer uns vor nutzlosen Wegen warnt,*
leistet uns einen ebenso guten Dienst,
wie derjenige, der uns den rechten Weg anzeigt.«

Heinrich Heine

Wenn Sie ein wissbegieriger Lebens-Schüler sind, gibt es auch Mentoren, die Ihnen bei Ihrem Studium des Lebens helfen können.

Unabhängig davon, ob es sich um religiöse, philosophische, esoterische oder pragmatische Mentoren handelt, mit »Mentoren« meine ich übergreifend alle ernsthaften und aufrichtigen Lebenslehrer, Meister, Motivations-, Kommunikations- und Persönlichkeitstrainer, Übungsleiter und Dozenten, die kompetent ihr Wissen weitergeben.

Warum brauchen Sie Mentoren? Was unterscheidet Sie von diesen?

Mentoren waren und sind ebenfalls Schüler des Lebens, welchen Entwicklungsstand sie auch erreicht haben. Sie unterscheiden sich von Ihnen dadurch, dass sie früher als Sie mit dem Studium des Lebens angefangen haben, intensiver und kreativer studieren und schon gewisse Erfolge erzielten.

Mentoren haben die Gabe die Zusammenhänge des Lebens zu erkennen und diese an andere weiterzugeben. Sie brauchen Mentoren, um sich in gewissen Lebensbereichen weiterzubilden, in denen Sie allein nicht vorankommen.

Mentoren sind keine Übermenschen. Sie haben ebenso Schwächen und Fehler, aber sie wissen damit umzugehen und arbeiten ständig an sich. Nehmen Sie sie zum Vorbild, aber glorifizieren Sie sie nicht.

Nehmen Sie sie als das, was sie sein wollen: Berater in Lebensfragen, Lehrer für psychologische Strategien und Animatoren für neues Denken und Handeln, kurzum: Wegweiser für neue Lebenswege – und diese wollen Sie beschreiten.

Nutzen Sie alle Möglichkeiten, um von den verschiedensten Mentoren zu lernen: Lesen Sie viel, gehen Sie oft zu Vorträgen und besuchen Sie immer wieder Seminare. Aber bedenken Sie dabei immer, dass die Wirkung begrenzt ist! Aus der Humanistischen Psychologie weiß man:

> *Eine grundlegende Änderung der Persönlichkeit beruht auf kontinuierlichen selbstgewollten Prozessen über einen längeren Zeitraum hinweg.*

Ein einmaliges Ereignis – außer Schock oder Hypnose – ist dazu nicht in der Lage. Seien Sie deshalb vorsichtig bei Versprechungen wie »Dieses Seminar wird ihr Leben vollkommen verändern« oder noch verheißungsvoller und bildhafter: »Aus diesem Seminar werden sie als neuer Mensch herausgehen!«

Wenn Sie ein introvertierter, vergeistigter Typ sind, wird auch ein Feuerlauf-Seminar, das Sie einmal besucht haben, Sie nicht zum geschwätzigen Exzentriker machen.

Seminare können und sollen ergänzen. Sie sind neben Büchern, Kassetten und Vorträgen wesentliche Meilensteine auf Ihrem Weg der persönlichen Entfaltung.

Wenn Sie einen gewissen Entwicklungsstand erreicht haben und weiterkommen wollen, wird es nicht ohne Seminare gehen. Sie müssen sich über Wert und Wirkung von Seminaren im Klaren sein. Legen Sie im Voraus strikt und klar fest, welche Seminare mit welchen Schwerpunkten und Zielsetzungen Sie für Ihr persönliches Weiterkommen besuchen wollen.

Was für Seminare gilt, gilt auch für Ratgeberliteratur. Ich wiederhole: Kein Buch der Welt kann nach einmaligem Lesen eine grundlegende Persönlichkeitsveränderung bewirken. Sie müssen es über einen langen Zeitraum hinweg immer wieder intensiv lesen, sich mit den Inhalten richtiggehend befassen und sie auf Ihre individuelle Situation maßschneidern. Sie müssen sich aus jedem Buch, das Sie bereits besitzen, das *für Sie persönlich Wichtigste* herausnehmen und verinnerlichen. Diese Inhalte müssen zu Ihren ureigenen Überzeugungen werden. Mit diesen Überzeugungen können Sie dann eine Verlierer-Eigenschaft nach der anderen auslöschen und ins Gegenteil kehren. Wenn Sie so vorgehen, können Sie gar nicht anders als Erfolg haben.

Sie wissen jetzt: Seminare, Vorträge und Bücher helfen Ihnen bei Ihrer Suche. Sie bieten für Ihr persönliches Weiterkommen Impulse und Anleitungen. Dass eine grundlegende Änderung der Persönlichkeit bei einem einmaligen Besuch eines Seminars oder bei einmaligem Lesen eines Ratgebers nicht möglich ist, ist beruhigend für denjenigen, der glaubt, er würde einer Gehirnwäsche unterzogen, und ernüchternd für denjenigen, der meint, das Seminar oder das Buch löse für ihn alle seine Probleme.

Der Wert eines Buches oder eines Seminars hängt nicht nur vom Autor und dem Text beziehungsweise dem Seminarleiter und dem Seminaraufbau ab, sondern auch von Ihrer momentanen Situation und Ihrer Fähigkeit die Botschaft richtig zu deuten und entsprechend umzusetzen.

Der Wind, mein Freund

*»Von nun an werde ich die Stärke des Windes
nach der folgenden Skala abschätzen,
denn nichts vermag eine ungewissere Vorstellung
von Wind und Wetter zu geben, als die alten Bezeichnungen
›mäßig‹, ›bewölkt‹, etc. etc.«*

Francis Beaufort

Beaufort-Skala

Die obigen Zeilen schrieb Francis Beaufort, Fregattenkapitän der
Royal Navy, im Jahre 1806. Damit leitete er seine revolutionäre Methode der Windmessung auf See ein. Seine Skala teilte er in zwölf
Windstärken, bezeichnete sie mit üblichen nautischen Ausdrücken
und beschrieb in knappen Worten ihre Auswirkungen auf das Meer.

Beaufort starb 1857 als geadelter Admiral. Seine Skala wurde mit
den Jahren weiterentwickelt und besitzt weltweite Gültigkeit.

Die Strategie des Windes

Wenn ich im Zusammenhang mit Arashi von der »Strategie des Windes« spreche, dann werde ich ab und zu von Hellhörigen gefragt:
»Seit wann hat der Wind eine Strategie?«

»Seit ich ihm eine zugeschrieben habe«, lautet dann meine Antwort.

Dem Wind eine Strategie andichten ist schon ein Teil der Strategie selbst. Der Wind ist keine Person. Er ist eine Naturerscheinung,
hat kein Bewusstsein und kann somit keine Strategie entwickeln. Es

sind Sie, der die Strategie entwickelt und anwendet! Der Wind ist Ihr Begleiter. Er wird Sie inspirieren.

Die Strategie des Windes anwenden bedeutet die Eigenschaften des Windes auf sich selbst beziehen. Dazu müssen Sie mehr über den Wind erfahren. Sie müssen sich mit ihm auseinandersetzen, ihn bewusst erleben! Die Beaufort-Skala hilft Ihnen dabei.

In seiner Eigenschaft als Naturereignis ist der Wind unser ständiger Begleiter – ob wir wollen oder nicht.

Wind ist ein Teil unseres Lebens und in der Lage unsere gesamte Stimmungspalette zu beherrschen: Ein Briefmarkensammler verflucht ihn aufs Ärgste, wenn eine unerwartete Bö seine Sammlung durcheinander bläst. Ein Liebespaar aalt sich am Strand und genießt dabei die kühlende Meeresbrise. Eine Windjammer-Crew ruft ihn flehend herbei beim Kampf um den Sieg. Ein Radfahrer ärgert sich, weil er gegen ihn fahren muss.

Wind ist allgegenwärtig. Real. Lebenswichtig. Er wird aber, gerade wegen seiner Alltäglichkeit, von den meisten nicht mehr bewusst wahrgenommen, außer bei Stürmen oder den oben genannten Fällen.

Arashi will aber, dass Sie ihn bewusst wahrnehmen. Denn wenn Sie die Natur des Windes erkannt haben, dann können Sie ihn zu Ihrem Verbündeten machen: Mit seiner Kraft und Allgegenwärtigkeit kann er Sie inspirieren und antreiben.

Das Winderlebnis

Damit Sie den Zusammenhang zwischen Arashi und dem realen Wind verstehen und die Verknüpfung zwischen ihm und Ihnen nachempfinden können, bitte ich Sie, folgende Übung durchzuführen.

* Setzen Sie sich bei leichter Brise (Windstärke 2; siehe dazu Skala S. 92) draußen auf eine Bank und notieren Sie:

1. Ihre (Natur-)Beobachtungen

Schreiben Sie alles nieder, was Ihnen auffällt: Das Ziehen der Wolken, das Rascheln von Laub, der Geruch der Luft ... Je mehr Sie erkennen, umso besser. Schulen Sie Ihre Wachsamkeit und Beobachtungsgabe, denn diese sind für Arashi sehr wichtig.

2. Ihre Reaktionen

Wie wirken diese Beobachtungen auf Sie? Wie fühlen Sie sich? Könnten Sie stundenlang dort sitzen? Entspannt es Sie oder langweilt Sie es? Fühlen Sie sich einsam oder genießen Sie es ein stiller Beobachter zu sein?

3. Ihre diesbezüglichen Gedanken

Was geht in Ihrem Kopf vor? Welche Gedanken strömen durch Ihr Gehirn? Denken Sie klar? Schmieden Sie Pläne? Träumen oder phantasieren Sie?

Heben Sie die Notizen auf und wiederholen Sie die Übung bei nächster Gelegenheit bei stürmischem Wind (Windstärke 8; siehe dazu Skala S. 92). Vergleichen Sie Ihre Anmerkungen und stellen Sie heraus, wie stark Ihre innere Welt (Ihre Gefühle, Gedanken und Reaktionen) von der äußeren Welt (der Situation, der Umgebung) abhängt: Auf der gleichen Bank im Wald, auf der Sie bei Windstärke 2 mit geschärften Sinnen die milde Tannenluft eingeatmet haben, dem Zwitschern der Vögel zugehört und entspannt Ihre Notizen machten, haben Sie es bei stürmischem Wind nicht lange ausgehalten. Sie haben schnell und unleserlich auf Ihren Block geschrieben und weniger Dinge beobachtet. Schließlich hat Sie die Angst vor herunter krachenden Ästen vertrieben.

Es sind zwei Welten, die Ihr Leben ausmachen. Es ist die innere Welt und die äußere Welt. Lebensveränderungen betreffen immer zuerst die innere Welt, bevor sie nach außen dringen. Ihre innere Welt reagiert auf die Einflüsse der äußeren Welt. Es ist ein unablässiges Wechselspiel. Sie müssen dann Arashi anwenden, wenn

Sie Ihre innere Welt nicht (mehr) mit Ihrer bestehenden äußeren Welt in Einklang bringen – der Zen-Spruch von der Veränderung kommt hier zum Tragen.

Die Arashi-Skala

Arashi will den Wind nicht mystifizieren, das haben andere Kulturen, wie die der Indianer und der Wikinger, schon vor Jahrhunderten getan. Hier geht es darum, ihn in unserem westlichen Denken unterzubringen, ihn als Mittel zum Zweck zu gebrauchen, und der heißt: Lebensveränderung!

Machen Sie sich mit den Windstärken vertraut. Gehen Sie nach draußen und lernen Sie die Stärken anhand der Tabelle abzuschätzen. Schon in kurzer Zeit werden Sie das beherrschen, und noch mehr: Es wird Ihnen Spaß machen, den Wind über Ihr bisheriges Empfinden hinaus kennen zu lernen. Sie werden die Veränderungen der Natur, die der Wind bewirkt, mit anderen Augen sehen, das Rascheln von Laub, das Flimmern von Grasbüscheln, das Wiegen von Getreidehalmen – all das wird Sie mit einer eigenartigen Faszination bezaubern.

Beaufort-Skala

Arashi-Skala

Wind-stärke	Bezeichnung	Auswirkungen an Land	Innere Welt Gefühle/Denken	Äußere Welt Ihr Handeln
12	Orkan	schwerste Verwüstungen	Rebellion	Bruch mit Bestehendem, Neuanfang
11	orkanartiger Sturm	an Land selten, verbreitete schwere Sturmschäden	absolute Ent-schlossenheit Tatkraft	rigoroses Handeln
10	schwerer Sturm	Bäume werden entwurzelt, an Häusern schon bedeutende Schäden		größere Veränderungen
9	Sturm	Dachziegel werden von den Häusern abgehoben		
8	stürmischer Wind	Zweige werden von den Bäumen abgebrochen, erhebliche Gehbehinderung	Widerstand gegen Bestehendes	Teil-ände-rungen
7	steifer Wind	Bäume bewegen sich, spürbare Behinderung beim Gehen gegen den Wind		
6	starker Wind	starke Äste bewegen sich, an Häuserecken und Drähten starkes Pfeifen		
5	frische Brise	größere Zweige und Bäume bewegen sich	Erregung Aus-geglichen-heit	
4	mäßige Brise	loses Papier wird vom Boden aufgehoben, Zweige und dünne Äste bewegen sich		Status quo
3	schwache Brise	Wimpel werden gestreckt, Blätter und dünne Zweige bewegen sich		
2	leichte Brise	Blätter säuseln, Wind im Gesicht spürbar		
1	leichter Zug	Rauch zeigt Windrichtung an, Blätter noch unbewegt	Wachsamkeit	
0	Windstille, Kalme	vollkommene Luftruhe, Rauch steigt senkrecht empor	Gedankenleere	

Der Wind als allgegenwärtige Metapher

Die Beobachtung des Windes ist erbauend und inspirativ. Doch das genügt nicht. Sie müssen Ihre persönlichen Windstärken der Arashi-Skala in Bezug zum realen Wind bringen. Werden Sie sich bewusst, welche Macht Wind besitzt. Denken Sie darüber nach, wie er unsere Gemüter beeinflusst, was er bei Ihnen und bei anderen anrichten kann. Nehmen Sie die Kraft des Windes, seine Beständigkeit und seine Wandelbarkeit zum Vorbild.

Sehen Sie sich dazu die Beaufort-Skala auf Seite 92 an: der Zwölfteilung ist die Arashi-Skala hinzugefügt. Die Arashi-Skala weist zu jeder Einteilung der Beaufort-Skala eine Entsprechung auf.

Nehmen Sie den Wind als allgegenwärtige Metapher für Ihren eigenen inneren und äußeren Zustand. Schauen Sie sich die Arashi-Skala an und stellen Sie fest, welcher innere Wind bei Ihnen weht und welcher äußere.

Sind Sie ausgeglichen (Stärke 2–4) und in Ihrem Umfeld bewegt sich wenig (0–4)? Oder regt sich Ihr Inneres (5) und Sie beginnen mit ersten Veränderungen (6)?

Markieren Sie sich Ihre Windpunkte auf der Beaufort-Skala und ziehen Sie eine Verbindungslinie zur Arashi-Skala. Orientieren Sie sich am folgenden Grundmodell.

Das Grundmodell

Im Grundmodell S. 94 zeigen Linie A und B die Extremlinien. Äußere und innere Welt liegen auf der gleichen Ebene. Bei A besteht absoluter Stillstand sowohl im Innern als auch in der Außenwelt: Ihre Gedanken laufen leer, sie haben keine Ideen, keine Energie. Sie verändern nichts in Ihrer Umwelt.

Linie B zeigt das krasse Gegenteil: Sie haben den Sturm in Ihrem

Kopf bis zum Orkan hochgetrieben, Sie rebellieren, brechen schonungslos mit allem Negativen und vollziehen einen beachtlichen Wandel.

Linie C zeigt die Ideallinie nach der Lebensveränderung (s. Teil III,
Kapitel 1). Sie zeigt einen inneren Zustand bei 3 und einen äußeren
zwischen 5 und 6: Bei einem ausgeglichenen Gemüt bleiben Sie
aktiv, bewegen immer wieder etwas und entwickeln sich weiter.

Innere Welt Gefühle/Denken		Ihr Handeln (äußere Welt) Ihr Handeln
12	—— B ——	12
11		11
10		10
9		9
8		8
7		7
6		6
5	C	5
4		4
3		3
2		2
1		1
0	—— A ——	0

Kopieren Sie die Beaufort-Arashi-Skala und das Grundmodell und
zeichnen Sie Ihre momentane Verbindungslinie ein. Hängen Sie beide
gut sichtbar an Ihrem Lieblingsplatz für die gesamte Dauer Ihres Ver-
änderungsprozesses auf. Während Sie dieses Buch lesen, werden sich
neue Verbindungslinien ergeben. Streben Sie die Ideallinie an!

Zusammenfassung

Im ersten Teil des Buches haben Sie die Bedeutung und den Ansatz von Arashi erfahren. Sie wissen, welchen Anspruch Arashi erhebt und was Sie von Arashi erwarten können.

- Ein wesentlicher Aspekt bei Arashi ist die Analyse: Lernen Sie hinter die Kulissen zu schauen und Zusammenhänge zu erkennen. Beleuchten Sie Ihre Verlierer-Eigenschaften und bekämpfen Sie sie. Deuten Sie die Warnsignale Ihrer Seele – es sind Symptome, die Ihnen anzeigen, dass es dringend Zeit für Sie ist, ein neues Leben zu beginnen.

- Kultivieren Sie die wesentlichen Faktoren für Ihre Lebenskraft: Begeisterung und Sehnsucht.

Der erste Teil hat Ihnen die richtige Einstellung zu »Erfolgs-« Büchern und Mentoren aufgezeigt.

Mit der Arashi-Beaufort-Skala haben Sie ein Instrument an der Hand, mit dem Sie den Wind, als allgegenwärtige Metapher, zu Ihrem Verbündeten machen.

II

Ihr Sturm bricht los

Im zweiten Teil erfahren Sie,

• warum Sie bei Ihrer Lebensveränderung ganz auf sich selbst gestellt sind

• wie Sie Ihren Alltag in sieben Bereiche aufteilen und damit die optimale Basis für Ihre Veränderungen schaffen

• welche Veränderungen Sie schaffen können und wie Sie diese angehen müssen

Allein auf weiter Flur

»Ein anderer ist nicht ich
und ich bin nicht ein anderer.«

Dogen Zenji

Von Dogen Zenji (1200–1253) dem Begründer des Soto-Zen, stammen obiges Zitat und folgende Geschichte. Sie veranschaulicht die Notwendigkeit Arashi für sich selbst zu entdecken und zur richtigen Zeit auszuführen.

»Im Alter von 24 Jahren bereiste Dogen China, um dort das wahre Zen zu suchen.

An einem sehr heißen Sommertag, als er sich bereits auf der Rückreise nach Japan befand, sah Dogen einen alten Mönch, der unter der brütenden Sonne Pilze zum Dörren auslegte. Der Schweiß lief ihm in Strömen herunter, und Dogen ging auf ihn zu:

›Guter Mönch, warum arbeitet ihr so hart? Ihr seid ein alter Mönch und Würdenträger. Warum verrichten nicht die jungen Mönche diese Arbeit?‹

Der alte Mönch erwiderte:

›Ihr kommt aus Japan und scheint mir ein gutmütiger junger Mann zu sein. Ihr kennt den Buddhismus, doch Ihr habt nicht die Essenz des Zen in Euch. Ein anderer ist nicht ich und ich bin nicht ein anderer! Ein anderer kann nicht die Erfahrung meiner Handlungen machen. Wenn ich nicht selbst übe, kann ich nicht verstehen. Ich muss meine eigene Erfahrung des Pilzedörrens machen.‹

Dogen war aufmerksam geworden und neugierig:

›Aber warum heute, bei dieser Gluthitze? Warum wartet ihr nicht einen milderen Tag ab?‹

Der Mönch sah ihn eindringlich an und antwortete:
›Hier und jetzt, das ist sehr wichtig. Um die Pilze zu dörren, muss
es trocken und heiß sein. Morgen könnte es regnen. Und die Pilze
wären dann auch nicht mehr so frisch. Hier ist der richtige Ort und
jetzt ist die richtige Zeit dazu. Aber ich muss jetzt arbeiten, stört
mich also nicht.‹«²

Wie sich Ihre Situation von anderen unterscheidet

Sie sind nicht ein anderer und ein anderer ist nicht Sie – kein Mensch
auf der Welt gleicht dem anderen, weder körperlich noch geistig. Jeder
Mensch wächst unter anderen Bedingungen auf, macht persönliche Erfahrungen und verarbeitet diese auf seine ureigene Art – als Individu-
um ist Ihre persönliche Geschichte von Geburt bis zum Tod einzigartig.

Selbst wenn Sie mit Ihrem vertrautesten Menschen ein ganzes Leben
gemeinsam erleben, wird jede Begebenheit wie Hochzeit, Geburt eines
Kindes, Urlaub usw. in diesem Leben für jeden von ihnen etwas anderes bedeuten, weil sie mit anderen Empfindungen verbunden sind.

Alle Menschen beschäftigen sich im Grunde mit dem Gleichen –
Sport, Kunst, Hobby, Beruf ... – aber ihre Beweggründe und ihr Erleben
dabei sind immer unterschiedlich. Häufig sind die Empfindungen
ähnlich: der Nervenkitzel beim Bungeejumping, die Ergriffenheit bei
einer Beerdigung, das Glücksgefühl beim Verliebtsein; die Empfindungen können aber auch absolut gegenteilig sein – was den einen
abstößt, zieht den anderen an: Für den Pazifisten ist Krieg das men-
schenverachtendste Geschehen, für den fanatischen Einzelkämpfer
bedeutet er eine Herausforderung. Für den satyrischen Straßenfreier ist
Prostitution ein Segen, für die drogenabhängige Prostituierte ist es ein
»dreckiges Geschäft«, das sie zum Überleben braucht.

Erwarten Sie keine Hilfe

Der zweite Grund, warum Sie bei Ihrem neuen Lebensanfang allein auf sich gestellt sind und wenig bis keine Hilfe von Dritten erwarten können, ist der, dass sich kein Mensch vollkommen in einen anderen hineinversetzen kann (und will). Die Fähigkeit sich in persönliche Situationen anderer hineinzufühlen wird als Empathie bezeichnet. Doch Empathie kann aus den zuvor genannten Gründen immer nur mangelhaft sein. Wer hat sich in Ihr (voriges) Hamsterleben eingefühlt? Wer hat Ihnen wirklich gute Ratschläge und Hilfen gegeben, wie Sie aus Ihrem Brisendasein entfliehen können?

Sie können von den Menschen, die Sie umgeben, wenig bis keine Hilfe erwarten, weil die meisten ebenfalls ein Brisendasein führen und selbst nicht davon loskommen.

»Allein mit seinen Problemen zu sein ist im Grunde nichts Besonderes. Ich war, seit ich denken kann, immer wieder auf mich allein gestellt – ich bin als Kind allein bis auf die höchste Spitze des Baumes geklettert, ohne an den Abstieg zu denken. Ich musste dann heil wieder herunterkommen und habe es, unter Herzklopfen und Zittern zwar, geschafft. Ich habe meine Bewerbungen allein verfasst und die Vorstellungsgespräche ohne fremde Hilfe geführt«, so Sarah.

⁕ Schreiben Sie fünf besonders schwierige Situationen aus Ihrer Kindheit, Jugend, Schule, Beruf auf, die Sie ganz allein gemeistert haben. Jetzt stehen fünf Paradebeispiele auf Ihrem Blatt, die Ihnen deutlich zeigen, dass Sie es *allein* geschafft haben, und zwar wiederholt. Selbst wenn diese Situationen Jahre zurückliegen – Sie haben sie allein bewältigt.

Wann, wo, wie?

Sie wollen die getrockneten Pilze! Sie allein. Also dörren Sie sie. Gehen Sie raus in die Gluthitze und warten Sie nicht, bis es regnet. Dörren Sie Ihre Pilze und Sie werden in deren Genuss kommen.

Mit dieser Einstellung gehen Sie Ihre Lebensveränderungen an. Sie bestimmen wann, wo, wie:

Wann
Jede Woche, jeder Tag, jede Stunde ist die richtige. Jeder Morgen taugt dafür. Jedes Wetter, jede Jahreszeit unterstützt Sie. Sie brauchen keinen Sylvester für gute Vorsätze – jeder neue Tag ist Neujahr.

Wo
Jeder Ort ist der richtige. Denn wo Sie sind, ist Ihr Ort. Arashi ist an keinen Ort gebunden. Wenn Sie Arashi in sich tragen, dann tun Sie es überall, ob in der Pariser Metro, im Bayerischen Wald oder in Ihrer Küche.

Wie
Mit welcher Windstärke Arashi durch Ihr Leben brausen wird, hängt ab von Ihrer Situation und Ihrem Willen. Von Stärke sechs bis zwölf. Sie haben es in der Hand, aber denken Sie daran:

> *Arashi bedeutet nicht, in blindem Aktionismus zu wüten, den Sturm eins zu eins zu imitieren, urplötzlich und sinnlos alles zu zerstören, nur um des Zerstörens willen.*

Sie machen es besser. Sie gehen zuerst die Veränderungen an, wenn Sie für sich *klar und eindeutig* beantwortet haben:
* Was passt mir nicht mehr? Was stört mich in meinem Leben? Was schafft mir Probleme?

Solange Sie diese zentralen Fragen nicht *konkret* beantworten können, können Sie nicht *gezielt* dagegen angehen!

Sturmwarnung

Kommt ein Sturm auf, wird in gefährdeten Gebieten von den Wetterwarten Sturmwarnung gegeben, damit sich die Betroffenen rechtzeitig darauf vorbereiten können. Wenn Sie beginnen Arashi umzusetzen, erfüllen Sie eine Doppelfunktion: Sie sind der Sturm und der Warner!

Wenn Sie in starken Bindungen leben und Ihre Umgebung nicht rücksichtslos vor den Kopf stoßen wollen, erzählen Sie denen, die es wissen sollen, von Ihrem Vorhaben. Diese wissen jetzt von Ihrem Veränderungswillen und können sich angemessen darauf einstellen.

Innere Widerstände

Auf Ihrem Arashi-Weg werden Sie mit inneren und äußeren Widerständen zusammentreffen. Die inneren sind:
* Zweifel am Erfolg der Methode
* Unentschlossenheit bei der Ausführung der Übungen
* Angst, neue Wege zu beschreiten
* der Gedanke aufzugeben, wenn Fortschritte auf sich warten lassen

Die inneren Widerstände hemmen Ihr Fortkommen. Sie hängen mit den Verlierer-Eigenschaften zusammen und halten Sie im Brisendasein fest. Kehren Sie die inneren Widerstände ins Gegenteil um, dann werden Sie Erfolge erzielen.

Schüren Sie:
* Ihr Vertrauen in die Methode und Ihre Überzeugung von den Resultaten. Wie viele Methoden haben Sie bereits angewandt, *bevor* Sie Arashi kannten? Haben Sie sie konsequent angewandt, nur experimentiert oder es beim Lesen bewenden lassen? Trifft letzteres zu,

konnte sich kein Erfolg einstellen. Vertrauen stützt sich auf Erfolge – Erfolge schaffen Sie selbst.

● Ihre Entschiedenheit bei der Beantwortung der Fragen und der Ausführung der Forderungen – *ohne Ihren Willen wird nichts passieren!*

● Ihren Mut und Ihre Experimentierfreude neue Wege zu beschreiten. Den Mutigen gehört die Welt. Sie wollen Ihr Leben verändern, das erfordert Mut. Bei jedem Erfolg wird nicht nur Ihr Vertrauen wachsen, sondern auch Ihr Mut.

● Ihre Geduld, Ihren Optimismus und Ihre Freude an kleinen Erfolgen. Bei Arashi geht es »nur« um Lebensveränderung. Sie brauchen das Rad nicht neu zu erfinden.

Äußere Widerstände

»Wer Wind sät, wird Sturm ernten.«
Hosea 8, 7

Gewichtige Veränderungen sind immer mit Widerstand verbunden, weil Sie Bestehendes auflösen. Wenn Sie Ihr Leben ändern, wird es Ihre Umwelt spüren und entweder positiv oder negativ reagieren: Ihre nichtrauchenden Bürokollegen werden es honorieren, wenn Sie das Rauchen aufgeben, zumal sie nicht mehr von Ihrem Zigarettenqualm belästigt werden.

Ablehnung und Missgunst werden Sie erfahren, wenn Sie mit Ihrer Veränderung bestehende Vorteile eines anderen auflösen – wenn Sie ihn nicht mehr mit dem Wagen abholen und zur Arbeit mitnehmen, weil Sie auf das Fahrrad oder öffentliche Verkehrsmittel umgestiegen sind.

Diese beiden Beispiele mögen banal erscheinen, das sind sie aber nicht. Sie wissen das, denn Sie haben inzwischen gelernt unter die Oberfläche zu schauen. Sie sind sich bewusst, wie schwer es für einen

Raucher ist, seiner Sucht zu entkommen. Machen Sie sich Gedanken über die psychologische Bedeutung der Zigarette bei Stress, bei Langeweile, als Genuss, als Belohnung ... Denken Sie ebenso an stinkende Kleider, gelbe Zähne und passives Rauchen, an wuchernden Kehlkopfkrebs und verfaulte Raucherbeine.

Versetzen Sie sich im zweiten Beispiel in eine »Hamsterperson«, die jahrelang zur Arbeit mitgenommen und wieder nach Hause gebracht wurde. Plötzlich muss diese Person ihre Zeit neu einteilen. Sie muss sich nach den öffentlichen Verkehrsmitteln richten, muss herausfinden, wann und wo welcher Bus oder Zug fährt und ob sie umsteigen muss. Statt einem Plausch im Auto, steht sie, weil sie keinen Sitzplatz bekommen hat, stumm im Abteil, umgeben von gestressten Menschen und nervigem Schulkindergebrüll.

Wann werden Sie Sturm ernten?
Sturm werden Sie ernten, wenn Sie Unrecht tun oder wenn andere sich durch Sie in ihrer Freiheit oder ihren Möglichkeiten beeinträchtigt sehen – niemand lässt sich ohne weiteres die Butter vom Brot nehmen oder das Heft aus der Hand.

Auch werden Sie Sturm ernten, wenn Sie vielen Menschen Gutes tun und nur wenigen (zum Beispiel Machthabern) damit Schlechtes (zum Beispiel Machtverlust) – denken Sie an die großen Volksaufklärer und Freiheitskämpfer, an Nelson Mandela, Martin Luther King und Mahatma Ghandi: Diese haben Wind gesät und Sturm geerntet. Aber welche befreiende Wirkung hat dieser Wind auf der ganzen Welt hinterlassen?

Die Reaktionen auf Ihre Veränderungen können vielfältig ausfallen. Negative Reaktionen sind:
- schweigsames Dulden
- harsche Kritik
- boshafter Neid
- Repressalien

Positive Reaktionen:
- natürliche Neugierde
- überschwängliches Lob
- aufrichtige Begeisterung
- Anerkennung und Fragen um Rat

* Überlegen Sie sich, wer (Partner, Eltern, Kinder, Freund, Freundin, Chef, Kollegen), wie (positiv, negativ) und warum Anteil nimmt an Ihren Veränderungen.

Verfechter des Arashi-Weges

Wenn Ihre Veränderungen Diskussionen auslösen, dann wenden Sie drei Samurai-Eigenschaften an: 1. Zanshin, 2. Chu, 3. Hishiryo (in Teil IV gehe ich genauer darauf ein):
1. Erkennen Sie die Situation; ist sie freundlich oder feindlich?
2. Bewahren Sie Ihre Mitte, bleiben Sie sachlich und gelassen.
3. Lassen Sie sich in der Diskussion von Ihrer Intuition lenken.

Da sich in persönlichen Dingen Gefühlsebene und Sachebene ineinander verflechten, ist die erste Anforderung für einen Ungeschulten oft schwierig. Bei Kritik sieht er sich in die Rolle des Angegriffenen gedrängt und meint sich verteidigen zu müssen: Er wird emotional und subjektiv und überzeugt nicht mit schlagkräftigen Argumenten. Bei Lob besteht die Gefahr, dass er überheblich wird und sein Gegenüber abwertet.

Das trifft nicht auf Sie zu. Sie wissen sehr genau, weshalb Sie Veränderungen in Ihrem Leben vornehmen, und haben untersucht, wer Ihnen mit Lob oder Tadel begegnet.

Ergründen Sie alle Reaktionen – die angenehmen wie die unangenehmen. Es sind willkommene Gesten und Hinweise, die Ihnen nützlich sind; sie helfen Ihnen Ihre Stellung in der Gesellschaft zu erkennen: Nimmt kein Mensch von Ihren Veränderungen Notiz, sind sie entweder nicht weitreichend oder Sie haben wenig starke soziale Bindungen.

Als Arashi-Verfechter werden Sie feststellen, wie gut Sie sich als Zerstörer und gleichzeitiger Schöpfer darstellen können: Stehen Sie einem aufrichtig Interessierten gegenüber, dann scheuen Sie die Diskussion nicht – womöglich will dieser selbst in seinem Leben Veränderungen schaffen und sucht bei Ihnen nach Anregungen. Andererseits ist es bloße Zeit- und Energieverschwendung sich mit Leuten über Themen wie Lebensveränderung und bewusstes Leben zu unterhalten, denen dazu jedes Verständnis fehlt. Engagieren Sie sich in Plädoyers für Ihr Handeln nur, wenn es angebracht ist, wenn Sie spüren, dass es der Mühe lohnt.

Suchen Sie die Gemeinschaft von Gleichgesinnten und zehren Sie davon. Das ist weitaus lohnender und inspirierender als Nichtinteressierte bekehren zu wollen.

Die sieben Lebensbereiche

Übersicht behalten

Woraus besteht Ihr Alltag? Woraus besteht »Alltag« überhaupt?
Wer seinen Alltag nicht definieren kann, kann nichts an oder in
ihm ändern.

Voraussetzung für eine effektive Lebensveränderung ist sich einen
Überblick über seinen Alltag zu verschaffen; dazu hilft Ihnen die Auf-
teilung in sieben Lebensbereiche. Natürlich greift jeder Lebensbereich
in den anderen ein – wir wissen alle, wie negativ sich Misserfolg im
Beruf auf das Privatleben auswirkt, oder akute Geldsorgen auf die
Psyche drücken und damit die Gesundheit schwächen.

Für eine strategische Vorgehensweise trennen Sie die Lebensbereiche.
Durch diese schematische Trennung ist es Ihnen möglich Durchsich-
tigkeit zu schaffen und Ihre Probleme klar zu erkennen und zu lösen.
Die sieben Lebensbereiche sind:

1. Beruf
2. Beziehung und Familie
3. Freizeit und Hobby
4. Freunde und Bekanntenkreis
5. Geld
6. Gesundheit – Geist, Körper, Seele
7. Wohnung und Wohnort

* Für eine systematische Vorbereitung Ihrer Lebensveränderung nehmen Sie Ihren Block zur Hand und gehen Sie wie folgt vor:
1. Listen Sie die Lebensbereiche auf, in denen Sie Veränderungen
wollen, z.B. Beruf, Ehe, Gesundheit.

2. Nehmen Sie für jeden Lebensbereich ein eigenes Blatt und schreiben Sie alle Punkte auf, die Ihnen am Herzen liegen. Geben Sie dann den einzelnen Punkten Prioritäten im Schulnotensystem von 1 bis 6: 6 = großer/größter Missstand, dringend ändern, 1 = erst ändern, wenn die anderen Missstände beseitigt sind.

3. Erstellen Sie das Veränderungsblatt.

Das Veränderungsblatt

Das Veränderungsblatt gestalten Sie wie eine Tabelle:
Wählen Sie für die linke Spalte die Überschrift »Jetzt« und schreiben Sie den aktuellen Monat dazu. In die rechte Spalte schreiben Sie »Veränderung bis spätestens …«, hier schreiben Sie den Zeitpunkt (Woche, Monat) auf, an dem Sie die Veränderung spätestens vollzogen haben wollen, das ist wichtig – setzen Sie sich ein *Zeitlimit* und machen Sie Druck.

Gemäß Arashi streben Sie die Lösung des Problems innerhalb dieser gesetzten Frist an. Sie legen klar fest:

- »In *zwei Monaten* habe ich die Nachtschicht abgegeben!«
- »Maximal *vier Wochen*, dann bin ich hier ausgezogen!«
- »Wenn *bis Weihnachten* nicht … (die und die Veränderungen eingetreten sind), werde ich mich von meinem Partner trennen!«

Das Veränderungsblatt dokumentiert Ihren Veränderungswillen. Je nach dem wie viel Sie in Ihrem Leben verändern wollen, hängen dort ein oder mehrere Veränderungsblätter an der Wand:

- Schaffen Sie Platz für Ihre Blätter. Hängen Sie sie neben die Arashi-Skala. Es sind nicht nur beschriebene Zettel, es sind Ihre ureigenen Wünsche – Ihr Leben prangt dort an der Wand!
- Verdeutlichen Sie sich das und kaufen Sie das beste und schönste Papier, das Sie bekommen können.
- Schreiben Sie in großen, deutlichen Druckbuchstaben.

✳ Streichen Sie jeden Missstand, den Sie behoben haben, fett durch
und haken Sie die erzielte Änderung groß und deutlich ab.

Beispiel Veränderungsblatt: Beruf

Jetzt (aktueller Monat)	Veränderung	Monat bis spätestens
• ~~Betriebsklima schlecht~~	mehr Kontakt ✓	April
• ~~Arbeiten außerhalb meines Kompetenzbereichs~~	klare Abgrenzung ✓	Mai
• ~~zu wenig Anforderung~~	bessere Aufgaben ✓	Mai
• zu viele Überstunden	Ausgleich	Juni
• Lohn zu niedrig	Lohnerhöhung	Juni
• Nachtschicht	Tagschicht	August

Fragen – Antworten – Handeln!

Trotz Ihrer ureigenen Situation mit Ihren persönlichen Problemen
sind die Aufteilung der Lebensbereiche und die Methode der gezielten Veränderungen allgemein gültig; sie passen sie lediglich an Ihre
Situation an.

Die Methode besteht gemäß *San-in* (mehr zu San-in in Teil III) aus
drei Schritten:

1. Fragen
2. Antworten
3. Handeln

Das mutet einfach an, ist es aber nicht. Die Methode besticht durch diese
scheinbare Einfachheit. Sie ist altbewährt und fußt auf Weisheit und
dem Wissen über die Trägheit der Menschen, die an ihren Problemen
scheitern, weil sie bereits beim ersten Schritt versagen: Sie stellen sich
keine Fragen! Wer keine Fragen stellt, bekommt keine Antworten.

Ohne den zweiten Schritt folgt kein dritter: Sie handeln nicht, das Hamsterleben bleibt bestehen, die Probleme ebenfalls!

Also fragen Sie! Lernen Sie Fragen zu stellen, die Sie weiterbringen.

Zu Ihrer *Orientierungshilfe* und *Inspiration* für Ihre Veränderungen liste ich für jeden Lebensbereich sieben Beispielfragen auf. Im zweiten Schritt folgen die konkreten Antworten dazu. Im dritten Schritt fallen die Entscheidungen, welche Maßnahmen ergriffen werden.

Zum ersten Schritt (Fragen):
Die Auflistung Ihrer Fragen kann, wird, soll vollkommen anders ausfallen. Ich kenne Ihre persönliche Lage nicht – Sie müssen für sich selbst Ihre Problempunkte finden und formulieren. Je genauer Sie formulieren, umso genauer werden Ihre Antworten ausfallen.

Zum zweiten Schritt (Antworten):
Antworten Sie ehrlich und aufrichtig. Und ebenso sachlich und objektiv. Fällt es Ihnen schwer objektiv zu sein, fragen Sie nach der Meinung kompetenter Leute. Recherchieren Sie, um Ihre Fragen so präzise wie möglich zu beantworten.

Zum dritten Schritt (Handeln):
Nachdem Sie Ihre Fragen ausreichend beantwortet haben, fällen Sie die Entscheidung: Mit welcher Windstärke setze ich die Veränderung an – Bö, Sturm oder Orkan? Was muss ich tun, um die gewünschte Veränderung durchzusetzen?

Beruf

Fragen I
1. Macht mir mein Beruf Spaß?
2. Bin ich ausgelastet?
3. Bin ich nützlich?

4. Verdiene ich entsprechend?
5. Wie ist das Betriebsklima?
6. Habe ich in dieser Firma die Möglichkeit aufzusteigen?
7. Möchte ich in diesem Beruf bleiben?

Analysieren Sie jeden Punkt und vergeben Sie wieder Schulnoten. Je schlechter die Situation, umso höher die Note. Bei Arashi geht es um gewichtige Veränderungen - ich setze demgemäß jede Frage als mit Note 5 oder 6 beantwortet an. Das ergibt folgende Situation:

Antworten
1. Mir macht mein Beruf wenig bis gar keinen Spaß. (Note: 5)
2. Ich bin überhaupt nicht ausgelastet. (Note: 6)
3. Ich fühle mich unnütz in meiner Tätigkeit. (Note: 6)
4. Ich bin unterbezahlt. (Note: 6)
5. Das Betriebsklima ist schlecht. (Note: 6)
6. Die Karrieremöglichkeiten in dieser Firma sind gering bis gar nicht vorhanden. (Note: 5)
7.a Ich möchte in diesem Beruf bleiben. (Note: 2)
7.b Ich möchte den Beruf wechseln. (Note: 6)

Fragen II
Erinnern Sie sich: Arashi heißt nicht oberflächliches Wüten. Das würden Sie tun, wenn Sie aufgrund der Antworten zum impulsiven Entschluss kommen: »Ich kündige *sofort* und fange *irgendetwas* Neues an!«
Für entscheidende und sinnvolle Veränderungen müssen Sie jede Ihrer Antworten weiter unter die Lupe nehmen:
* Warum macht mir der Beruf keinen Spaß (mehr)?
* Warum bin ich nicht ausgelastet?
* Wieso fühle ich mich unnütz?
* Wie viel Gehalt würde mir zustehen?
* Warum ist das Betriebsklima schlecht?
* Wieso gibt es keine Aufstiegschancen?

* Was würde mich an meinem jetzigen Beruf mehr interessieren?
* Welcher Beruf würde mich mehr ausfüllen?

Handeln

Finden Sie für diese neuen Fragen klare Antworten! Diese Antworten sind die Basis für Ihre Veränderungen. Jetzt können Sie entscheiden:

* Ich fordere neue Aufgabengebiete.
* Ich fordere eine Gehaltserhöhung.
* Ich besuche einen Fortbildungskurs und werde danach Abteilungsleiter.
* Ich lasse mich versetzen.
* Ich kündige und suche mir eine neue Stelle.
* Ich schule um.
* Ich mache mich selbständig.

Haben Sie sich zu einer weitreichenden Entscheidung durchgerungen, sammeln und ordnen Sie alle Informationen, die Sie an Ihr neues Ziel bringen. Planen Sie z.B. eine Umschulung, brauchen Sie aktuelle Informationen über Möglichkeiten, Finanzierungen, Zukunftsperspektiven usw. Nutzen Sie dazu private und öffentliche Einrichtungen. Lesen Sie Fachmagazine und Bücher. Unterhalten Sie sich sowohl mit Leuten, die diese Umschulung gerade absolvieren, als auch mit Leuten, die bereits diesen Beruf ausüben.

Die Umsetzung einzelner Punkte wird unweigerlich die anderen Lebensbereiche beeinflussen. Planen Sie deshalb Veränderungen. Ansonsten können Ihre Veränderungen im Chaos enden.

Beziehung und Familie

Fragen

1. Unterstützt mich mein Partner in wichtigen Dingen?
2. Unterstütze ich ihn?
3. Haben wir einen gemeinsamen Freundeskreis?
4. Wie oft unternehmen wir gemeinsam etwas?
5. Wie oft gibt es Meinungsverschiedenheiten?
6. Kann ich meine persönlichen Freiheiten ausleben?
7. Wie gut ist unser Sex?

Antworten

1. In wichtigen Dingen lässt er mich im Stich.
2. Mich interessieren seine Angelegenheiten nicht.
3. Seine Freunde sind mir zu ordinär.
4. Gemeinsame Unternehmungen sind rein geschäftlich: Partys und Empfänge usw.
5. Er versteht meine Probleme nicht, wir streiten oft.
6. Er duldet es zähneknirschend, aber ich tue trotzdem, was ich will.
7. Unser Sex ist rein mechanisch geworden, er befriedigt mich nicht mehr.

Diese Antworten schildern Ramonas und Pauls Lage.

Ramona: »Die gesamte Situation ist so verfahren, dass wirklich ein Sturm durchfegen muss, soll sich hier was ändern. Die Punkte, die ich aufgeschrieben habe, habe ich Paul so nie gesagt. Sie haben sich im Laufe der Zeit entwickelt, und wenn ich ehrlich bin, habe ich auch nie den Mut aufgebracht, es anzusprechen.«

Ramona hatte angekündigt, dass Sie Ihr Leben nach der Arashi-Strategie verändern wolle. Paul hatte dies zur Kenntnis genommen, sich aber nicht dafür interessiert.

Ramona: »Was glaubst du, wie er sich verhalten hat, als er nach

Hause kam und auf einmal mein Veränderungsblatt gesehen hat, das da orange in DIN A3 neben dem Spiegel hing? Paul ist erst mal die Kinnlade runtergeklappt.«

Das Veränderungsblatt gab Zündstoff. Die Aussprache erfolgte unmittelbar. Da Ramona rhetorisch nicht so stark wie Paul ist, bereitete sie sich auf das Gespräch vor und machte Ihre Argumente an Ihrem Veränderungsblatt fest.

»Ich scheute nicht die Konfrontation – es ist eine Verlierer-Eigenschaft, die ich auslösche. Ich wollte einen Sturm entfachen und sammelte alle Energie für diese Aussprache. Demonstrativ nahm ich das Veränderungsblatt von der Wand und schmetterte es Paul mit der flachen Hand auf den Tisch:»Ich will, dass wir jeden Punkt besprechen, und wenn es mehrere Stunden dauert.«

Das Gespräch klärte alles auf. Paul dachte ähnlich darüber, ohne dass es Ramona geahnt hatte. Es gab keine Szene, keine Beleidigungen. Die phlegmatische Art Pauls erstickte jedes Aufbrausen Ramonas. Der Aussprache folgte die Erkenntnis, dass eine Trennung die beste Lösung sei. Innerhalb von drei Wochen war Ramona ausgezogen; die Trennung erfolgte im Guten. Paul half ihr bei der Wohnungssuche und beim Umzug. Anfangs sahen sie sich noch öfter, heute ist der Kontakt völlig abgerissen.

Ramona entschied sich für Sturm – das bedeutet hier Trennung. Ramona hätte sich auch für Böen entscheiden können:

- Regeln aufstellen (Badbenutzung, Fernsehen ...)
- Aufgabenteilung (Wer macht was?)
- Wunschliste erstellen (Picknick, Theater, Urlaub, Sex)
- Kompromisse schließen (Herrenabend, Frauenabend ...)
- Ultimatum stellen (Probezeit für alle obigen Maßnahmen)

Diese Vorgehensweise hätte möglicherweise wieder alles ins Lot gebracht – das hätte die Probezeit ergeben. In diesem Fall hatten sich beide für Trennung entschieden, was letztlich dem Entschluss Ramonas entsprach.

Versuchen Sie durch dieses Beispiel zu spüren, welche Entscheidungen Sie für Ihre Situation fällen wollen.

Freizeit und Hobby

1. Wie viele Stunden Freizeit habe ich in der Woche – werktags, am Wochenende?
2. Wie verbringe ich meine Freizeit?
3. Welche Hobbys habe ich?
4. Wie viel Zeit nehme ich mir für welches Hobby?
5. Wie gut bin ich in meinem/n Hobby/s?
6. Habe ich unerfüllte Wunschhobbys?
7. Welches Hobby würde ich aufgeben?

Sie haben die Methode erkannt. Ab hier entfällt meine Standard-(Note 6) Beantwortung.

Für Arashi im Lebensbereich Hobby und Freizeit gilt:
Analysieren Sie Ihre Freizeit. Nehmen Sie ein Blatt Papier (dieser Vorgang sollte Ihnen in Fleisch und Blut übergehen) und schreiben Sie die tägliche *effektive Frei-Zeit* auf. Das ist die Zeit, in der Sie absolut frei entscheiden können, was Sie machen wollen: Sport treiben, werken, lesen, sich der Familie widmen, bewusstes Alleinsein genießen ...

Passive Menschen wissen nicht, wie viel effektive Freizeit ihnen zur Verfügung steht, und anstatt sie zu nützen, vergeuden sie diese mit Nichtstun, Fernsehen oder stundenlangem Shopping.

Wenn Ihnen bewusst geworden ist, dass Sie kein Hobby haben, stattdessen Ihre Zeit hauptsächlich mit Müßiggang und Konsumieren vertun, dann suchen Sie sich ein Hobby! Gehen Sie dabei genauso vor wie beim Beispiel mit der Umschulung:

Wählen Sie das, was Sie schon immer interessiert hat. Holen Sie sich Informationsmaterial. Sprechen Sie mit Menschen, die dieses Hobby bereits engagiert ausüben. Besuchen Sie Kurse, werden Sie

Einsteiger, dann Insider und schließlich ein Crack – Sie werden Leidenschaft entwickeln, Energie haben und die Kraft der Begeisterung spüren.

Ich habe Sie bereits in Teil I damit konfrontiert (Kapitel 4, Selbstbeurteilung). In Teil III werde ich dieses Thema verdichten.

Freunde und Bekannte

1. Wie viele Bekannte stehen in meinem Adressenverzeichnis?
2. Welche davon treffe ich regelmäßig und wie oft?
3. Wer arrangiert hauptsächlich die Treffen?
4. Was unternehmen wir?
5. Wer ist für mich da, wenn es mir schlecht geht?
6. Für wen bin ich da?
7. Wie viele neue Bekanntschaften habe ich in diesem Jahr geknüpft?

Streichen Sie alle Leute aus Ihrem Adressenverzeichnis, die Sie in den letzten zwei Jahren weder gehört noch gesehen haben. Schreiben Sie diese Leute in ein gesondertes Verzeichnis – für alle Fälle.

Wenn *Sie* es sind, der sich ständig einbringt und die Leute zu sich einlädt, dann sagen Sie offen, dass die anderen jetzt an der Reihe sind. Ist es umgekehrt, dann ist es an Ihnen aktiv zu werden – bringen Sie Schwung in Ihre Beziehungen: Veranstalten Sie Partys, besorgen Sie Karten fürs Theater, schlagen Sie vor, was man unternehmen könnte.

Unterscheiden Sie zwischen Freunden und Bekannten. Reduzieren Sie sich auf wertvolle Kontakte und pflegen Sie diese. Nehmen Sie neue Bekanntschaften unter die Lupe, bevor Sie sie in Ihre Privatsphäre einlassen.

Geld

1. Wie viel Geld verdiene ich monatlich?
2. Was sind meine monatlichen Kosten?
3. Was mache ich mit dem monatlichen Überschuss?
4. Führe ich Buch über meine Finanzen?
5. Habe ich finanzielle Träume?
6. Beurteile ich Leute nach dem Geld?
7. Bin ich käuflich?

Verschaffen Sie sich einen genauen Überblick über Ihre finanzielle Situation. Wo können Sie einsparen? Wie können Sie sich finanziell verbessern? Sprechen Sie mit Ihrem Steuer- und/oder Finanzberater. Durchforsten Sie Ihre Versicherungspolicen und Geldanlagen. Kontrollieren Sie regelmäßig Ihre Kontoauszüge. Analysieren Sie Ihre Kaufgewohnheiten und Ihre allgemeine Beziehung zu Geld.

Verneinen Sie nicht dessen Wert – lassen Sie sich weder von Materialismus blenden noch verurteilen Sie sozial Mindergestellte.

Träumen Sie nicht vom Lottogewinn und malen Sie sich auch keinen finanziellen Ruin aus. Sie werden das verdienen, was Sie verdienen – im guten wie im schlechten Sinn.

Gesundheit – Geist, Körper, Seele

1. Wie sind meine Körperwerte?
2. Wie viel wiege ich?
3. Ist meine Ernährung ausgewogen?
4. Sorge ich für regelmäßige ausgewogene Bewegung?
5. Was tue ich für meinen Geist?
6. Gönne ich mir regelmäßig Entspannung?
7. Habe ich genügend Schlaf?

»Wem die Gesundheit fehlt, dem fehlt alles«, sagen die Franzosen, und sie haben Recht. Was nützen Ihnen Geld und ein hochdotierter Job, wenn Sie von Stresssymptomen geplagt werden, wenn Ihr Puls rast und Ihre Körperwerte wegen Ihres Übergewichts und Ihrer Fehlernährung bedenkliche Zahlen aufweisen?

Gehen Sie zu einem guten Arzt und lassen Sie sich von Grund auf untersuchen. Stellen Sie Ihre Ernährung um, sparen Sie nicht am falschen Ende, kaufen Sie für sich nur die besten Produkte (»Du bist, was Du isst«), das gilt nicht nur für die Nahrungsmittel, sondern für alle Produkte des täglichen Bedarfs. Essen Sie viel Rohkost. Machen Sie Fasten- oder Schrothkuren. Gehen Sie täglich an die frische Luft. Wenn Sport noch nicht Ihr Hobby ist, verbringen Sie ab jetzt mindestens ein Drittel Ihrer Freizeit damit. Gönnen Sie sich ebenso regelmäßig Entspannung, gehen Sie in die Sauna und lesen Sie anregende Bücher.

Wohnung und Wohnort

1. Wie wohl fühle ich mich in meiner Wohnung?
2. Wie sind die Räumlichkeiten?
3. Wie ist die Wohnlage?
4. Wie stet es mit dem sozialen Umfeld?
5. Ist die Miete angemessen?
6. Wie weit ist es zur Arbeit?
7. Was spricht für/gegen einen Umzug?

Anna-Claudia: »Von Anfang an fühlte ich mich nicht recht wohl in Hans' Wohnung. Alles war schon fix und fertig, kein Teil war von mir. Tapeten, Bilder, Vorhänge, Möbel, alles stammte von ihm. Wenn ich Veränderungsvorschläge machte, vertröstete er mich damit, dass wir bald in eine größere Wohnung zögen und darum jede Arbeit unnütz wäre.«

Als Hans ausgezogen war und Anna-Claudia sich von allem erholt hatte, begann sie die Wohnung komplett umzugestalten: Sie strich alle Wände in verschiedenen Pastelltönen, stimmte Vorhänge und Tischdecken darauf ab, warf die alten Möbel hinaus und schaffte neue an.

Fühlen Sie sich unwohl in Ihrer Wohnung, weil sie schlecht geschnitten ist oder an einer verkehrsreichen Straße liegt? Verstehen Sie sich schlecht mit den Nachbarn? Ist die Miete zu hoch? Nervt Sie der lange Arbeitsweg?

Je nach Ihren Antworten, werden Sie a) die Wohnung komplett renovieren oder b) ausziehen. Kalkulieren Sie alle Vor- und Nachteile durch.

Dieser Abriss der sieben Lebensbereiche endet hier, das Thema ist aber noch nicht abgeschlossen. Für eine weitere Vertiefung in die Mechanismen Ihres Alltags dient Ihnen Ihr persönliches Tagesprotokoll.

Ihr persönliches Tagesprotokoll

Führen Sie einen Monat lang von morgens bis abends Buch über Ihren Alltag. Benutzen Sie dazu einen Terminkalender mit einer Seite für jeden Tag.

Gehen Sie jeden Abend vor dem Zubettgehen Ihren Tag noch einmal durch und notieren Sie *Stichpunkte* z.B. über:

- Schlaf • Hygiene • Kleidung • Frühstück • Arbeitsweg
- Arbeit • Feierabend • Kommunikation/Beziehung • Sport

Vergleichen Sie Ihre Notizen mit den folgenden Anmerkungen zu Ihrem Tagesprotokoll.

Anmerkungen zum Tagesprotokoll

Schlaf:

Notieren Sie, wann Sie aufgestanden oder aufgewacht sind, und bewerten Sie Ihren Schlaf mit Schulnoten von 1 bis 6. Schreiben Sie einen kurzen Kommentar dazu (Uhrzeit/Note/Kommentar), zum Beispiel: »6:30/4/Muskelkater vom Squash« oder »7:00/1/im Traum geflogen«, 8:00/6/ständig aufgewacht, ans Geschäft gedacht«.

Sport:

Beginnen Sie Ihren Tag mit Yoga, Stretching oder Gymnastik? Machen Sie einen Waldlauf oder einen Spaziergang vor dem Frühstück? Gehören Sie zu den Morgenmuffeln, die lieber eine halbe Stunde länger vor sich hindösen, um dann auf das Frühstück zu verzichten?

Hygiene:

Katzenwäsche oder Schönheitskult? Sorgen Sie dafür, dass Sie Ihre Morgentoilette mit Muße erledigen können. Müssen Sie das Bad mit Ihrem Partner/Ihren Kindern teilen, dann arrangieren Sie sich so, dass Sie es für sich allein beanspruchen können.

Kleidung:

Stehen Sie morgens einige Minuten unentschlossen vor Ihrem Kleiderschrank oder haben Sie bereits am Abend Ihre Garderobe ausgesucht und schon für den morgigen Tag hergerichtet?

Frühstück:

Jedes Mal nur Marmeladentoast und schwarzen Kaffee? Oder gibt es abwechselnd Brot mit verschiedenen Aufstrichen, Müsli oder Cornflakes? Nehmen Sie sich ein Beispiel an den Frühstücksbuffets der Hotels. Decken Sie abends schon den Tisch für den nächsten Morgen.

Verkehrsmittel:

Fahren Sie mit dem Auto zur Arbeit? Benutzen Sie die Straßenbahn oder das Fahrrad? Benutzen Sie verschiedene Verkehrsmittel, um unabhängig zu sein. Schaffen Sie sich die Freiheit, dies frei nach Wetter, Situation und Ihren Möglichkeiten zu entscheiden.

Arbeitsweg:

Im Stau gestanden, zügig mit dem Fahrrad nach Hause gefahren, in der S-Bahn eingenickt? Der Arbeitsweg als sozialer Bestandteil unseres Lebens wird häufig unterbewertet. Der Faktor Zeit spielt eine große Rolle: Rolf wohnt in Augsburg und arbeitet bei München. Die Fahrzeit mit dem Wagen beträgt pro Strecke eineinhalb Stunden. Pro Woche macht das 15 Stunden. Auf das Jahr hochgerechnet sind das bei 46 Arbeitswochen 690 Stunden, diese entsprechen 4,3 Monaten. Rolf arbeitet offiziell 12 Monate, aber eigentlich sind es – reine Fahrzeit – 16,3 Monate! Überlegen Sie sich, was das bedeutet.

Rolf: »Ich überbrücke diese tote Zeit mit dem Anhören von Lehrkassetten über Psychologie und Persönlichkeitstraining. Einen kompletten Sprachkurs habe ich auch schon durch. Meine Aufmerksamkeit ist dabei nicht immer optimal, weil ich mich auf das Fahren konzentrieren muss, aber besser kann ich diese Zeit nicht nutzen.«

Der zweite wesentliche Punkt ist die soziale Ballung: Der Arbeitsweg in überfüllten Bahnen und Bussen wirkt sich negativ auf das soziale Verhalten aus. Der angeborene Territoriums-Anspruch wird stark belastet – Sie kommen ungewollt mit fremden Menschen in Tuchfühlung. Für Menschen, die in einer Kleinstadt aufgewachsen sind, ist es ein Grauen in Hamburg oder Berlin U-Bahn fahren zu müssen; wenn Sie selbst Hamburger oder Berliner sind, wissen Sie, wovon ich rede.

Arbeit:

Welche Arbeiten haben Sie erledigt? Wann haben Sie Feierabend gemacht? *Zeitmanagement* ist ein wesentlicher Bestandteil optimierten Arbeitens. Befassen Sie sich damit, um effizienter zu arbeiten, mehr Erfolgserlebnisse zu haben und dadurch gut gestimmt in den Feierabend zu gehen.

Feierabend:

Wie gestalten Sie ihn? Fernsehen? Post durchgehen? Zeitschriften blättern? Sich angeregt mit Ihrem Partner unterhalten? Kochen? Pizza kommen lassen? Ausgehen? Sport treiben? Ins Theater gehen oder ins Konzert?

﹡ *Fernsehen:* Sollte Ihr Protokoll offenbaren, dass Sie *jeden Abend* den Fernseher einschalten und davor einschlafen, dann rate ich Ihnen dringend: Stecken Sie ihn aus und stellen sie ihn weg. Weit weg! Nehmen Sie sich eine bestimmte Zeit – mindestens einen Monat – TV-Abstinenz vor. Sie werden staunen, wie allein dieser kleine Sturm Ihr Leben verändert. Sie werden endlich Zeit für sinnvolle Dinge haben, denn Sie kommen nicht mehr in die Versuchung den Fernseher einzuschalten – er ist nicht da. Es ist wie mit den Süßigkeiten im Schrank, wenn keine vorhanden sind, können Sie nicht naschen.

Unterliegen Sie nicht dem Irrglauben, Sie würden etwas vom Weltgeschehen verpassen, wenn Sie keinen Fernseher mehr besitzen. Im Gegenteil, Sie haben immer noch den Rundfunk und die Printmedien.

﹡ *Rundfunk:* Hören Sie Rundfunk? Haben Sie ein oder mehrere Stammprogramme? Informieren Sie sich über bestimmte Sendungen, Reportagen, Hörspiele?

﹡ *Printmedien:* Welche lesen Sie? Wie lesen Sie?

Gewöhnen Sie sich ein schematisches Lesen von Zeitschriften an: Bevor Sie überhaupt anfangen zu lesen, gilt Ihr erster Blick dem Inhaltsverzeichnis. Streichen Sie die Themen, die Sie interessieren an. Begrenzen Sie die Themen. Markieren Sie nur fünf Artikel, die Sie dann auch wirklich ganz lesen, als zehn Artikel und davon nur einen.

Lesen Sie nach Prioritäten, das heißt immer zuerst den Artikel, der Sie momentan am meisten interessiert. Ist ein Artikel es wert aufgehoben zu werden, schneiden Sie ihn aus und heften ihn in einen eigens angelegten Ordner. Blättern Sie nicht wahllos in Magazinen, das ist Zeitverschwendung.

* *Post:* Werfen Sie Prospekte, die Sie nicht interessieren, ungeöffnet zum Altpapier. Beantworten Sie persönliche Briefe innerhalb von drei Tagen.

* *Lesen:* Was ist Ihre Lieblingslektüre? Bevorzugen Sie ein bestimmtes Genre oder einen bestimmten Autor?

Lesen Sie nicht mehrere Bücher durcheinander, sondern maximal zwei parallel: ein literarisches Werk und ein Sachbuch. Scheuen Sie sich nicht, in Ihren Büchern Notizen zu machen. Lesen Sie wichtige Inhalte mehrmals. Sehen Sie sich zur Entspannung und Inspiration Bild- und Fotobände an.

* *Angeregte Unterhaltung mit dem Partner:* Interessieren Sie sich aufrichtig für den Alltag Ihres Partners? Vielleicht ist er es, der sein Leben verändern müsste? Liest er die gleichen Bücher wie Sie? Diskutieren Sie über geistige Themen?

* *Kinder:* Wie viel Zeit und Zuwendung widmen Sie Ihren Kindern? Opfern Sie sich für sie auf oder vernachlässigen Sie sie? Lesen Sie über Erziehung, tauschen Sie sich mit anderen Eltern aus, vor allem aber: Sehen Sie sich nicht nur als Lehrmeister Ihrer Kinder, sondern lernen Sie auch von ihnen.

* *Kochen:* Gehören Sie zu denen, die jeden Abend andere bekochen, befreien Sie sich von dem Anspruch, ständig kreativ kochen zu müssen. Stehen Sie auf der Seite der Bekochten und genießen es, immer an den fertigen Tisch gerufen zu werden? Helfen Sie und übernehmen Sie einen Teil des Kochens.

* *Ausgehen:* Wie oft gehen Sie in der Woche aus? Wohin? Mit wem? Kommen Sie in neue Gesellschaft, versuchen Sie Kontakte zu knüpfen. Soll sich der Abend für Sie lohnen, sorgen Sie dafür, dass Sie abwechslungsreiche und ausgewogene Gespräche führen: Trennen Sie die Spreu vom Weizen – suchen Sie sich passende Gesprächspartner aus und meiden Sie Menschen, die Sie langweilen.

* *Sport:* Welchen Sport treiben Sie? Treiben Sie überhaupt Sport?

Unsere Epoche wird von Technik und Dienstleistung dominiert. Zahlreiche Berufe sind ohne jegliche physische Beanspruchung. Sport ersetzt nicht nur die körperliche Arbeit, sondern birgt neben den physiologischen Vorteilen noch psychologische und soziale. Widmen Sie ein Drittel Ihrer Freizeit dem Sport. Verfallen Sie nicht dem Wahn, jeden Trend mitmachen zu müssen. Betreiben Sie nur den Sport, der Ihnen gefällt.

* *Theater oder Konzert:* Wann war Ihr letzter Theaterbesuch? Kultur hält unser intellektuelles Niveau aufrecht. Die Werke großer Dichter und Komponisten live zu erleben, erhellt unser Dasein. Ebenso schärft die Atmosphäre gediegener Theaterhäuser und Konzertsäle die Empfindsamkeit für besondere Räumlichkeiten. Machen Sie es sich zur Pflicht, einmal im Monat in ein Konzert (egal ob groß oder klein) oder in eine Theatervorstellung zu gehen.

* *Zu Bett gehen:* Todmüde zu Bett geschlichen und die Abendtoilette unterbleiben lassen? Vor dem Fernseher eingenickt? Ein Großteil unserer apathischen Fernsehnation schläft regelmäßig vor dem Bildschirm ein. Dieses Problem betrifft Sie nicht, wenn Sie dem Fernsehen bereits entsagt haben oder Ihren Fernsehkonsum gezielt betreiben. Entwickeln Sie ein Gefühl für die richtige Zeit, um zu Bett zu gehen. Lassen Sie sich nicht übermüdet in die Matratze fallen, sondern nützen Sie Ihren entspannten Zustand für ein bewusstes Einschlafen: Gehen Sie den Tag noch einmal in Gedanken durch (das brauchen Sie nicht mehr, wenn Sie bereits Ihr Protokoll verfasst haben) und planen Sie den morgigen Tag.

Machen Sie *Autogenes Training* als Übergang zum Schlaf.

* *Sex:* Spielt sich Ihr Sex immer nach dem gleichen Schema ab? Haben Sie sexuelle Wünsche, die Sie nicht ausleben? Wenn Ihr Sexualverhalten normal ist und Sie nicht zu bizarren Perversitäten neigen, gibt es keine Gründe dem Partner Ihre Wünsche zu verschweigen.

* *Wochenende:* Spät ins Bett – spät aufstehen? Ab in die Stadt zum Shopping? Das entspricht dem uniformierten Ablauf der Konsumgeneration. Volkswirtschaftlich hat er seine Berechtigung, doch wenn Sie Ihrem Leben eine neue Richtung geben wollen, dann machen Sie das Gegenteil: Nehmen Sie sich etwas für das Wochenende vor. Sie brauchen einen Anlass, um zeitig aufzustehen. Wann haben Sie zum letzten Mal ein Picknick gemacht?

Das Führen des Protokolls dokumentiert nicht nur Ihre Alltagsgestaltung, sondern hilft Ihnen, sich Ihre *Gewohnheiten* bewusst zu machen. Gewohnheiten sind von Ihnen selbst erzeugte Verhaltensmuster, die dazu dienen Ihren Alltag zu ordnen. Andererseits – das ist die Kehrseite der (Ordnungs-)Medaille – pressen diese Sie in genau das Hamsterleben, dem Sie entfliehen wollen.

Markieren Sie in Ihrem Protokoll mit einem Leuchtstift die *auffallenden* Gewohnheiten. Analysieren Sie die Häufigkeit und damit den Wert dieser Gewohnheiten. Wenn Sie erkennen, dass eine Gewohnheit unnütz, vielleicht sogar schädlich ist – vielleicht essen Sie jeden Abend eine Tafel Schokolade im Bett –, dann machen Sie dieser Gewohnheit den Garaus. Sie wollen Ihr Leben ändern, beginnen Sie mit Ihren schlimmsten Angewohnheiten. Merzen Sie eine nach der anderen aus. Lassen Sie los von diesen Gewohnheiten, die Sie irgendwann einmal begonnen haben und immer noch unbedacht aufrecht halten.

Sie können noch mehr aus Ihrem Analyse-Monat herausholen: Schreiben Sie nicht nur Ihre Aktionen in den Kalender, sondern ziehen Sie auch ein kurzes Resümee des Tages:
* Was hat mir gefallen, was nicht?
* Was habe ich vermisst?
* Wo habe ich über die Stränge geschlagen?
* Was werde ich morgen besser machen?

Wenn Sie dieses Tagesprotokoll und Ihre Bewertung einen Monat lang konsequent geführt haben und die Notizen ausgewertet, gehören

Sie zu den wenigen ausgesuchten Menschen, die ihren Alltag definieren können, und damit haben Sie die sichere Grundlage für
Veränderungen.

Weg damit! – Rundgang mit einem leeren Karton

Sie haben sich bereits bei den sieben Lebensbereichen um das Thema
Wohnung Gedanken gemacht. Diese Gedanken werden hier verstärkt.

Kennen Sie die formale Harmonie traditioneller japanischer Häuser? Ihre Grundrisse werden wie bei uns durch tragende und nicht-
tragende Wände bestimmt, aber: Die nichttragenden Wände lassen
sich verschieben, so dass man unterschiedlich geschnittene Räume
verschiedener Größe gestalten kann.

Auf die meisten Menschen im Westen wirken diese Räume eher
karg: wenige, niedrige Möbel, einige Bilder, meist Kalligraphien oder
Holzstiche, ein paar Blumenarrangements. Es liegt nichts herum,
alles wird in Einbauschränken verwahrt, auch die Futons werden
unter Tags eingerollt und in der Wand verstaut. »Ein Raum erlangt
wahren Wert durch die edlen Menschen, die sich darin aufhalten«,
lautet ein Grundsatz als Erklärung für die spärliche Möblierung.

Traditionelle japanische Wohnräume wirken im Wesentlichen durch
drei Dinge:

1. Verknüpfung natürlicher Lichteffekte (Sonne, Schatten, Diffusion
   durch das Reispapier der Wände)
2. harmonisch abgestimmte Farben (Natur- und Erdfarben, Kontraste
   und Ton-in-Ton-Zusammenstellungen)
3. ausgesuchte Naturmaterialien (Edelhölzer, Steine, Bambus, Reisstroh,
   Stoffe aus Baumwolle und Wildseide)

In Sarahs Wohnung ist das Gegenteil der Fall: Jeder Raum ist mit
Möbeln vollgestellt. Hunderte von Dingen wie Blumenvasen, Bilder,
Mobile, bunte Flaschen, Keramikteller, Obstschalen stehen in Regalen,

in Schränken und auf dem Fußboden. An jedem verfügbaren Platz sitzen Haken, hängen Bilder, »muss etwas hin«, um die weiße Wand, das Stück Fensterbrett, die freie Fläche auf dem Sekretär auszufüllen.

»Ich fühle mich wohl«, meint sie, umgeben von einem Sammelsurium von Accessoires, »nur das Putzen und Abstauben braucht eben Zeit.«

Wenn Sie sich nicht mehr wohl fühlen und Sie das Abstauben und Putzen *belastet*, fragen Sie sich: »Warum hängen so viele Bilder an meinen Wänden? Warum stehen so viele Dinge auf meinen Möbeln?«

Sind es Geschenke, Souvenirs, Mitbringsel ... ? Brauchen Sie diese Dinge? Stehen Sie jeden Tag mit Entzücken davor? Sind Sie *lebensnotwendig* für Sie? Wenn nicht, lassen Sie Arashi durch Ihre Wohnung fegen: Weg damit!

Sie brauchen nicht umzuziehen, um einen Sturm durch Ihre Wohnung wirbeln zu lassen. Sie brauchen lediglich ein paar Kartons und den Willen loszulassen.

Trennen Sie sich von allen Dingen, an denen Sie keine rechte Freude haben und die nur als Staubfänger herumstehen.

Souvenirs sind Nährboden für Sentimentalitäten und fesseln Sie indirekt an die Alltagsbrise.

Schaffen Sie Platz! Sie brauchen Platz, um sich zu entfalten! Gehen Sie mit großen Kisten durch Ihre Wohnung und werfen Sie den ganzen Ballast hinein. Plündern Sie Ihren Kleiderschrank, Ihre Abstellkammer, Ihr Bücherregal, Ihre Sammlung loser Fotografien, Ihre Ordner und Aktenschuber. Sichten Sie alles und behalten Sie nur das Notwendigste. Für das Aussortierte gilt: Verschenken, verkaufen, wegwerfen.

Mit den übrigbehaltenen Gegenständen setzen Sie *Akzente*: Die leeren Flächen strahlen Freiraum und somit Freiheit aus.

Wenn Sie täglich am Schreibtisch sitzen, machen Sie das Gleiche mit Ihrem Arbeitsplatz. Wie groß ist die Fläche Ihres Schreibtischs? Wie viel davon ist mit allem Möglichen zugepackt? Nehmen Sie alles

Unnötige fort und platzieren Sie es woanders. Warum, glauben Sie, sind große, leere Schreibtische seit jeher ein Privileg der Chefetagen?

Sie können noch mehr tun! Reduzieren Sie nicht nur, sondern gestalten Sie um, was möglich ist: Wohnzimmer, Schlafzimmer, Büro, Arbeitszimmer.

Nutzen Sie dazu Feng Shui, die asiatische Lehre vom ganzheitlichen Wohnen. Feng Shui zeigt Ihnen, wie Sie jeden Raum für den jeweiligen Zweck bestmöglich gestalten, welche Farben und Pflanzen dominieren sollten, welche Möbel wo und wie am besten platziert sind, um einen idealen Ort für Ihr Dasein und Wirken zu schaffen.

Ausgleichende Leere schaffen

Sie fühlen sich wohl in Ihrem neuen Zuhause. Sie genießen die räumliche Weite, die Sie sich zurückerobert und neu gestaltet haben. Sie sitzen in Ihrem Lesesessel und genießen, wie das Sonnenlicht auf Ihr Buch fällt. Sie spüren, wie Arashi Kreise zieht und Sie zur Siegerseite führt.

Belassen Sie es nicht bei den Freiräumen in Ihrer Wohnung oder Ihrem Büro, weiten Sie sie aus: Schaffen Sie Freiräume in Ihrem Kopf!

»Quaestor blieb stehen und schaute die Böschung hinauf. ›Was kann man wohl von da oben sehen?‹ stieg er sich fragend den gefrorenen, durchmoosten Hang hoch, um seine Neugier zu stillen. Seit Kindheit an übte der Blick in die Ferne eine unergründliche Faszination auf ihn aus. Dabei spielte es keine Rolle, ob er über das unendliche Blau des Meeres hinwegsah oder über erdiges Hoch und Nieder. Hauptsache Weite und Unendlichkeit.

Die Landschaft, in die er schaute, hatte die Lieblichkeit der warmen Monate des Frühlings, der heißen Tage des Sommers und der lauen Zeit des Herbstes verloren. Dort, wo sich dann rapsgelbe Flure an futtergrünem Ackerland reihen und mannshoher Mais Kindern

Versteckspiel erlaubt, wo getreidebeige Kornfelder sich in milder Brise wiegen und frisch gemähte Felder zum Drachen steigen einladen, wo buntgespickte Sommerwiesen zum Blumen pflücken auffordern und halbhohes Gras zum Picknick, dort waren kaum mehr Kontraste übriggeblieben, hatte der gnadenlose Winter sie zu kaltem, starrem Brachland vereist und jegliches Leben vertrieben. Auch die Bäume und Sträucher, die mit dichter Belaubung manchem Vogel, mancher Maus Schutz boten, hatten beim Strippoker der Jahreszeiten sämtliches Blattwerk verspielt und standen nun abgezockt, wie aneinandergereihte Skelette regungslos im Erdreich.«[3]

Je größer Ihr Engagement in Beruf, Familie und Haushalt ist, je mehr Sie sich aufreiben, innerlich wie äußerlich, umso mehr ausgleichende Leere müssen Sie schaffen: Sie brauchen Oasen der Muße!

Man spricht von »Seele baumeln lassen« und meint damit nichts anderes als bewusste Entspannung.

»Bewusste Entspannung« heißt nicht handwarme Gehirnwäsche vor dem Fernseher, sondern stressfreie Dinge tun und deren heilsame Wirkung geschehen lassen.

Sie haben viele Möglichkeiten, diese ausgleichende Leere zu schaffen. Tun Sie das, was Ihnen momentan am meisten Spaß macht. Tun Sie nicht immer dieselben Dinge, wechseln Sie ab. Sind Sie ein naturverbundener Typ, dann machen Sie es wie Quaestor, die Figur aus der zuvor zitierten Romanpassage: Suchen Sie sich eine Anhöhe, von der aus Sie Ihre Blicke schweifen lassen können und genießen Sie die Landschaft. Beobachten Sie Raben, wie sie sich formieren und sich in die Lüfte erheben. Schauen Sie in die Wolken und entdecken Sie deren eigentümliche Schönheit. Stellen Sie sich vor, Sie könnten fliegen, wie die Raben dort, wo würden Sie hinfliegen?

Der bewusste Blick in die Ferne öffnet Horizonte. Sie können sich zurücklehnen und bewusst erleben. Schauen Sie auf Ihre Stadt, dann überlassen Sie das geschäftige Treiben dort unten sich selbst – Sie gehören jetzt nicht dazu. Sie sind kilometerweit entfernt.

Vielleicht fließt ein Fluss in Ihrer Umgebung? Wann verweilten Sie dort das letzte Mal eine Stunde lang? Beobachten Sie das Fließen und Sprudeln des Wassers. Folgen Sie einem schwimmenden Ast, der von Strudeln bewegt, auf der Oberfläche tanzt.

Schließen Sie die Augen und konzentrieren Sie sich nur auf Ihren Hör- und Ihren Geruchsinn: Hören und riechen Sie den Fluss, das Wasser, die Pflanzen, die Vögel ...

Auch ein See eignet sich hervorragend zur inneren Einkehr. Was dem Fluss die Bewegung, ist dem See die Stille. Erkennen Sie die Nuancen der Farben des Wassers, lassen Sie sich verzaubern von den Lichtspielen der Sonne darin. Weiden Sie Ihre Augen am schilfgrünen Ufer, betrachten Sie Enten und Schwäne.

Wenn Sie den eingangs empfohlenen Vier-Tage-Urlaub nicht genommen haben, rate ich Ihnen hier noch einmal: Fahren Sie in die Berge. Sie bieten ein unerschöpfliches Maß an kraftspendender Ruhe. Die Berge sind eine eigene Welt. Sie brauchen keine extremen Klettertouren zu unternehmen, um deren gewaltige Präsenz zu spüren. Einfaches Wandern genügt vollkommen – Sie wollen abschalten und sich regenerieren.

Wenn Sie in einer Gegend wohnen, wo ein Tagesausflug in die Berge nicht möglich ist, planen Sie einen Wochenurlaub dorthin – Sie müssen die Berge erlebt haben, um deren viel gepriesene Faszination nachzuempfinden.

Das Gleiche gilt für die See. Genießen Sie Ihre Freiheit bei stundenlangen Wattwanderungen oder Spaziergängen auf den Deichen. Lassen Sie Drachen steigen. Lesen Sie Abenteuerromane. Sammeln Sie Muscheln und suchen Sie Bernstein.

Abenteuer Spaziergang

Es müssen nicht unbedingt schneebedeckte Berge unter königsblauem Himmel sein oder stille Seen mit sanft sich wiegendem Schilfgras. Ein Spaziergang in Ihrer Umgegend eignet sich auch, um Kraft für neue Taten zu schöpfen. Wichtig ist allein Ihre Bereitschaft zur ausgleichenden Leere!

»Ein normaler Spaziergang?«, könnte jetzt Ihre Reaktion sein. Wenn Sie ein Spaziergangmuffel sind, was hat Sie bis jetzt davon abgehalten ein *begeisterter Spaziergänger* zu werden?

Sie wissen die Antwort bereits: Ihr konditioniertes Denken ist es. Sie assoziieren mit »Spaziergang« langweilige Familienausflüge mit Tratsch aus der Nachbarschaft, ewiges Latschen auf gewalztem Grau und unangenehmes Schwitzen in der Sonne. Sie sehen sich eingeengt von Ausflüglern und bedroht von lautlos heranschießenden Inlineskatern.

Wenn Ihre Spaziergänge bis jetzt so verlaufen sind, dann haben Sie in diesem Bereich Arashi noch nicht angewandt – ändern Sie Ihr Bild vom Spazierengehen. Machen Sie daraus »Erlebniswandern« oder ein »Naturherumstreifen«. Finden Sie einen eigenen Begriff.

∗ Gehen Sie bewusst spazieren! Verlassen Sie die geteerten Fußgängerwege und gängigen Marschrouten! Laufen Sie quer über frisch gemähte Wiesen und entdecken Sie die Welt der Wälder neu.

Gehen Sie bei einem Wetter spazieren, bei dem andere lieber in der warmen Stube sitzen und die Beine hochlegen. Bleiben Sie mitten auf einem riesigen Stoppelfeld stehen und genießen Sie die Weite um sich herum. Sehen Sie aufgetürmten Regenwolken nach, wie sie blei und schiefergrau vom Wind getrieben über Sie hinweg ziehen in die Unendlichkeit.

Atmen Sie tief ein, fühlen Sie die neugeschaffene Stärke in Ihnen! Strecken Sie sich, spannen Sie Ihre Muskeln an, breiten Sie die Arme aus und schreien Sie ein »Arashi!« heraus, so laut und kräftig Sie können. Schreien Sie einmal, zweimal, dreimal! Solche ungewöhnlichen Taten kennen Sie aus Filmen – der Protagonist ist über sich selbst hinaus gewachsen. Das Leben gehört ihm, das schreit er hinaus. Sie sitzen jetzt aber nicht im Kino. Es ist Ihr eigener Film. Sie spielen die Hauptrolle! Wer oder was hält Sie davon ab, es ihm gleich zu tun. Wann haben Sie denn zum letzten Mal bewusst geschrieen? Mit »bewusst« meine ich, nicht aus Wut oder Angst heraus, sondern aus einem unbändigen Freiheitsgefühl.

Steht dort im Feld ein uralter, mächtiger Baum, dann *besuchen* Sie ihn: Stellen Sie sich vor ihn, achten Sie darauf, wie er sich im Wind wiegt, wie es in den trockenen Blättern rauscht, wie die knorrigen Äste aneinander reiben.

Welche Windstärke mag jetzt über Sie hinwegziehen? Erinnern Sie sich an das Winderlebnis im ersten Teil des Buches? Jetzt haben Sie eine identische Situation geschaffen, nur sitzen Sie jetzt nicht auf einer Bank und schreiben Ihre Gefühle nieder. Sie müssen das nicht mehr üben. Inzwischen sind Sie schon unzählige Male auf irgendwelchen Bänken gesessen und haben sich den Wind ins Gesicht und durch die Haare wehen lassen.

Wenn es regnet, dann lassen Sie sich nicht abhalten nach draußen zu gehen. Besorgen Sie sich richtige Ausrüstung – es gab noch nie bessere Schuhe und Kleidung.

Diese Art von Erlebniswandern schafft nicht nur ausgleichende Leere in Ihrem Kopf, sondern gibt Ihnen Kraft und schärft Ihr Bewusstsein für die Welt.

Ich habe dieses Erlebniswandern professionell betrieben – während meiner dreijährigen Walz als Fremdgeschriebener habe ich es tausendfach angewandt. Selbst in trostlosen Industriegebieten und grauen Großstädten, durch die mich meine Wege führten, habe ich dadurch unendlich viele interessante Dinge *entdeckt*: schiefe Schornsteine und bewachsene Erker ebenso wie Unkraut, das durch porösen Teer bricht, oder schillernde Regenbogen, die sich über triste Hochhäuser spannten.

Erheben Sie Ihre Spaziergänge zum Erlebnis. Zum Abenteuer. Springen Sie über Gräben und klettern Sie auf Bäume (für weniger Sportliche kann es auch ein Hochsitz sein – seien Sie kreativ).

Erkunden Sie Ihre Umgebung neu! Richten Sie Ihre Blicke in alle Richtungen und werden Sie zum Entdecker.

Zusammenfassung

In Teil II haben Sie erfahren, warum Sie den Arashi-Weg ganz alleine gehen müssen und welche Schritte dazu nötig sind:

• Die systematische Einteilung des Alltags in sieben Lebensbereiche, das konsequente Herausarbeiten der eigenen Probleme durch gezielte Fragen und ehrliche Antworten, schließlich die Entscheidung zum Handeln.

• Das Führen eines persönlichen Tagesprotokolls führt Sie noch tiefer in Ihren Alltag. Sie filtern die schädlichen Gewohnheiten heraus und gehen Ihre Veränderungen mit einem Zeitplan an. Das Übersichtsblatt diktiert Ihnen Ihr Zeitlimit und mahnt Sie zum Durchhalten.

• Ihnen ist jetzt bewusst, dass »ausgleichende Leere schaffen« ein kreativer Akt ist, der Ihnen hilft, sich zu regenerieren.

Während Teil II Ihnen aufgezeigt hat, wie Sie Änderungen bewirken, werden Sie in Teil III und IV erfahren, wie Sie den Arashi-Weg erfolgreich fortsetzen und damit zu einem Sieger im Alltag werden. Sie brauchen jetzt nicht mehr zehn oder zwölf Windstärken durch Ihr Leben toben zu lassen, sondern können die Windstärken drosseln.

III

Der Sieger im Alltag

Der dritte Teil verrät Ihnen,

- wie Sie von Persönlichkeiten lernen und selbst zu einer Persönlichkeit werden

- welche Inspirationen Sie von Künstlern bekommen und was Sie als wahren Individualisten ausweist

- was Sie tun müssen, um ein Sieger im Alltag zu werden und zu bleiben

- wie Sie mit San-in »Dreiheiten« verknüpfen und damit tiefere Zusammenhänge in Ihrem Leben herausarbeiten

Nach dem Sturm

Bestandsaufnahme

Welche Ziele haben Sie mit Arashi erreicht? Welche wollen Sie (nach Ihrem Vier-Tage-Urlaub) angehen?

Eine Gehaltserhöhung durchsetzen? Befördert werden? Eine neue Stelle suchen? Beziehungsprobleme lösen? Ihre Freizeit bewusster nützen? Sich mehr um Ihren Partner und Ihre Familie kümmern? Ihren Freundes- und Bekanntenkreis durchforsten? Ihren Fernseher weggeben? Sport treiben und sich ausgewogen ernähren? Überlegter bei Geldangelegenheiten vorgehen? Eine neue Wohnung suchen, die Ihnen entspricht, in einer Gegend, einer Stadt, die Sie sich vorgestellt haben?

Führen Sie regelmäßig Bestandsaufnahmen durch:

* Wie nahe bin ich meinem Ziel schon herangerückt? Welche Teil-Erfolge kann ich eintragen?
* Liege ich gut in der Zeit oder habe ich die Frist unterschätzt?
  Wenn Sie feststellen, dass das Zeitlimit für Ihr Ziel zu knapp bemessen war, dann müssen Sie die Frist verlängern – aber Vorsicht! Fristverlängerung darf nicht in Müßiggang ausarten; wenn Sie Ihre Zielplanung ständig verschieben, ist das ein Zeichen für Selbstbetrug. Forcieren Sie Ihre Anstrengungen statt nachzulassen. Wenn Sie zum Nachlassen neigen, dann schaffen Sie sich Druck von außen durch fest ausgemachte Termine mit Dritten.
* Listen Sie jeden Teil-Erfolg auf und belohnen Sie sich dafür: ein Tag im Thermalbad mit Massage, ein Ausflug nach Paris ...

Die Windstärken drosseln

Das Entfesseln der Böen, Stürme oder Orkane bildet zwar einen wesentlichen Teil des Arashi-Weges, aber nicht den einzigen. Die Phase der *einschneidenden* Veränderungen muss aus drei Gründen zeitlich begrenzt sein:

1. Ökonomisch: Gewichtige Lebensveränderungen sind Kraftakte. Je intensiver ein Kraftakt, umso kürzer ist seine Dauer – vergleichen Sie Sprint mit Langstreckenlauf.

2. Psychologisch: Veränderungswille darf nicht in Manie ausarten. Es gilt mit klarem Verstand bestehende Missstände *zügig auszuräumen* und nicht einen verschrobenen Reformismus als Lebenseinstellung zu betreiben.

3. Sozial: Sie wollen sich als Gemeinschaftswesen nicht isolieren, sondern innerhalb der Gesellschaft *Ihr* Leben leben.

In Teil III geht es um die Fragen: »Wie festige ich das Erschaffene« und »Wie und nach wem/was kann ich mich neu orientieren?«

Sehen Sie sich dazu das Grundmodell der Beaufort-Arashi-Skala S. 92 noch einmal an: Die Ideallinie verbindet Stärke 3 der inneren Welt mit Stärke 5 bis 6 der äußeren Welt: Sie bewegen weiterhin Dinge in Ihrem Leben, bleiben aber ausgeglichen. Das ist die richtige Verfahrensweise. Nur so können Sie den Arashi-Weg über Jahrzehnte beschreiten: Dieser Weg zehrt nicht wie Ihr früheres Leben, in dem Sie ständig ungelöste Probleme als Ballast mit sich herumschleppten, sondern er bereichert und kräftigt Sie.

Raus aus der Schafherde

Um aus der Herde der manipulierten Schafe auszubrechen, halten Sie sich vorrangig an zwei Regeln:

* Machen Sie nicht mit, was Ihnen Trendsetter, Industrie und Marketingprofis aufnötigen wollen.
* Prüfen Sie, welcher Sinn oder Unsinn in Massenerscheinungen steckt.

Stellen Sie zu beiden Themen die Fragen: »Nützt es mir oder schadet es mir? Befreit es mich oder engt es mich ein?«

* Analysieren Sie Ihr Handeln aufgrund der folgenden fünf Beobachtungen:

1. Zeugt es von Bewusstsein, wenn man in einen Kinofilm geht, weil es »alle« tun, man aber nicht einmal weiß, um was es sich konkret handelt?

2. Welches Bedürfnis habe ich befriedigt, wenn ich jeden Modetrend mitmache – Schuhe, Kleidung, Schmuck (Gummibärchenanhänger, Buddhaarmbänder, Schlaghosen, Piercing ...)

3. Welchen Sinn macht es, sich die CD eines gepushten Hits zu kaufen, wenn der Titel von allen Rundfunkstationen rauf- und runter gespielt wird?

4. Was für Gründe gibt es, ausgerechnet diese Zigarettenmarke zu rauchen?

5. Woher rührt der Jugendlichkeitswahn, der der Kosmetikindustrie Milliardenumsätze verschafft und Schönheitschirurgen zu Halbgöttern macht?

Zu Punkt 1: Gehen Sie ins Kino um des Kinos willen oder um des Films willen? Gehen Sie nicht in Kinofilme, die Sie gar nicht interessieren, oder weil sie gerade angesagt sind. Verlassen Sie sich nicht vorbehaltlos auf Kritiken der Medien – es sind subjektive Meinungen eines einzelnen Journalisten. Sehen Sie sich Filme nur an, wenn die Inhaltsangabe Ihnen zusagt, und bilden Sie sich Ihre eigene Meinung.

Zu Punkt 2: Kaufen Sie keine Trendklamotten, Sie fügen sich dadurch nur dem Modediktat der Kleiderindustrie. Machen Sie sich nicht zum

Clown, indem Sie Kleider tragen, die Ihnen gar nicht entsprechen. Tragen Sie ausschließlich Kleidung, die zu Ihnen passt. Beachten Sie bei offiziellen Anlässen trotz allem die Kleiderordnung.

Zu Punkt 3: Die heutige Musikbranche lebt von der Schnelllebigkeit unserer Epoche; ein Hit ist in maximal vier Wochen totgespielt und muss vom nächsten ersetzt werden. Interessieren Sie sich für die CD des Interpreten, spielen Sie im Plattenladen alle Titel an, um zu wissen, ob sich der Kauf lohnt.

Zu Punkt 4: Es gibt keine guten Gründe und keine Vorteile, die für das Rauchen sprechen – nur schlechte Rechtfertigungen und Nachteile. Sollten Sie noch zur Spezies der Raucher gehören, ist es nur eine Frage der Zeit, bis Sie auf dem Arashi-Weg die Unsinnigkeit des Rauchens erkennen und es aufgeben.

Zu Punkt 5: Die computergeschönten Models auf Plakatwänden und Zeitschriften, die uns täglich hundertfach entgegenstrahlen, schaffen ein Zerrbild des modernen Menschen. Der Fitness- und Schönheitskult ist auf ein Höchstmaß pervertiert und treibt mit kosmetischen Operationen wie Fettabsaugen und Facelifting seine entarteten Blüten. Stehen Sie zu Ihren Anlagen, halten Sie sich durch eine bewusste Lebensgestaltung fit und ignorieren Sie die Medienmanipulation.

Mit wenigen, aber wirkungsvollen Praktiken können Sie sich Massenerscheinungen entziehen:

* *Urlaub:* Meiden Sie Touristen-Ballungsgebiete. Fahren Sie nicht zur Hauptsaison. Schaffen Sie sich die Möglichkeit dann und dorthin zu fahren, wann und wo Sie wollen.

* *Massenaufkommen:* Halten Sie sich von Großveranstaltungen, wie Oktoberfest, Fußball-Länderspielen und Karnevals-Ereignissen, fern. Wenn Sie glauben, so etwas erleben zu müssen, dann konsumieren Sie solche Herdenaufkommen mit Bedacht – zählen Sie sich nicht zu denen gehörig, die über die Loveparade lästern, aber selbst angetrunken »Helau!« brüllen oder in Bierkneipen herumgrölen.

* *Hauptverkehrszeiten:* Versuchen Sie generell Hauptverkehrszeiten

zu umgehen und leben Sie dadurch stressfreier. Wenn Sie geregelte Arbeitszeiten haben, fahren Sie merklich früher los als das Gros der Berufstätigen. Arbeiten Sie unter Gleitzeit, wählen Sie ebenfalls die frühe Variante – der frühere Feierabend lässt Ihnen mehr Spielraum für andere Unternehmungen.

Durchforsten Sie Ihre Umgebung und kundschaften Sie Nebenwege aus. Sehen Sie auf Ihrer Straßenkarte nach, wo Sie sich aus den Hauptverkehrsadern ausklinken können.

❋ *Einkaufen:* Vermeiden Sie die Wochenend-Shoppinghysterie – gehen Sie nicht am Samstag zum Einkaufen, sondern unter der Woche kurz vor Ladenschluss.

Andere Denkmuster

In manchen Seminaren wechseln die Teilnehmer nach jeder Pause ihren Platz – nicht nur aus kommunikativen Gründen, sondern als Hinweis, dass man auch im Alltag immer wieder die Perspektive wechseln soll: Wenn Sie vor einem Problem stehen und auf Ihre Art nicht weiterkommen, dann wechseln Sie den Standpunkt, stellen Sie sich vor, Sie seien ein Außenstehender, was würden Sie sich raten?

Ihre Art zu denken entscheidet, wie Sie Probleme lösen. Probleme sind Aufgaben, die sich Ihnen stellen:

> *Sieger im Alltag sehen Probleme als interessante Situationen, als Herausforderungen, die sie annehmen und die sie bewältigen werden. Verlierer im Alltag fühlen sich von ihnen bedroht und hadern mit der Lösung.*

Versuchen Sie bewusst die Sichtweise und damit das Denken der Alltagssieger zu verstehen und auf eigenen Nutzen abzuklopfen. Haben Sie mit einem Siegertyp diskutiert, überlegen Sie sich: »Warum hat er das so gesagt, warum hat er so gehandelt?« Bleiben Sie mit dieser

Überlegung nicht zurück, sondern fragen Sie direkt nach, um zu wissen, ob Sie mit Ihrer Interpretation richtig lagen.

Wir haben schon über das Lachen der Kinder gesprochen. Kinder lachen nicht nur natürlicher, sie denken auch natürlicher. Untersuchen Sie die Denkweise der Kinder – Sie waren auch einmal eines. Wie haben Sie gedacht? In einfacheren Bahnen als jetzt, warum?

Ihr Denken war

1. noch nicht so beeinflusst
2. nicht mit Wissen überhäuft und
3. nicht durch Konditionierungen gehemmt

Wenn Sie manchmal vor lauter Denken keine Ruhe finden, dann lassen Sie auch hier wieder Arashi walten: Blasen Sie Ihren Kopf leer. Gehen Sie raus, vertreten Sie sich die Beine oder gehen Sie schwimmen.

Wenn Sie ausgeglichene Leere geschaffen haben, versuchen Sie mit der Natürlichkeit eines Kindes zu denken: einfach, klar, ehrlich!

So wie Sie denken, leben Sie. Wenn Sie in eingefahrenen, engstirnigen Bahnen denken, leben Sie danach. Wenn Sie phantasievoll sind, leben Sie ebenfalls danach. Der Arashi-Weg führt Sie auf die phantasievolle Seite.

Überdenken Sie Ihre Ansichten über menschliche Werte wie Moral, Objektivität, Toleranz und gehen Sie damit genauso hart ins Gericht wie mit den Manipulationen von außen: »Nützt es mir oder schadet es mir? Befreit es mich oder engt es mich ein?«

Brechen Sie Ihre althergebrachten Denkweisen auf, zerschmettern Sie Denkblockaden und konstruieren Sie neue, eigene Thesen. Stellen Sie diese beim nächsten Treffen mit Freunden als Diskussionsstoff in den Raum und fordern Sie Reaktionen.

Von Persönlichkeiten lernen

Halten Sie Ausschau nach Persönlichkeiten – nach Menschen, die durch ihre ausgeprägte individuelle Art und ihre Fähigkeiten hervortreten. Eine Persönlichkeit gehört nicht zu den zahllosen Schafen, die blöken, wenn es die anderen tun und sich mechanisch in der Herde mitschieben lassen.

Persönlichkeiten finden sich in allen Bereichen des Lebens: in der Politik, dem Sport, der Kunst, der Wissenschaft usw.

Wie können Sie von Persönlichkeiten lernen?
Forschen Sie Persönlichkeiten nach! Versuchen Sie alles über sie herauszubekommen: Was sie denken und fühlen, wie sie sich motivieren, was sie lieben und hassen, wie sie leben.

Meistens ist es einem nicht vergönnt, große Persönlichkeiten privat zu kennen, deswegen kann man über sie nur aus zweiter Hand erfahren – Berichte und Interviews bieten sich an, und wenn sie eine gewisse Berühmtheit erlangt haben, geben ihre Biographien erschöpfende Auskunft.

Greifen Sie sich diejenigen Persönlichkeiten heraus, die Ihren Interessen am ehesten entsprechen:

* *Politik*: Lesen Sie aufmerksam Berichte und Interviews bestimmter Staatsmänner. Gehen Sie zu Kundgebungen von Ministern und Bundestagsabgeordneten und beobachten Sie, wie diese Menschen direkt wirken.

* *Sport*: Erleben Sie die Erfolge und Misserfolge Ihrer Idole. Besuchen Sie die jeweiligen Rennbahnen und Courts oder fiebern Sie in Sporthallen mit.

* *Kunst*: Seien Sie ein ambitionierter Besucher von Konzerten und gehen Sie oft ins Theater. Lassen Sie sich bezaubern von der Virtuosität des Solisten oder inspirieren von der Sprache und dem Ausdruck, den der Schauspieler in die Rolle legt.

Wenn Sie ein Anhänger der darstellenden Künste sind, sieht man Sie in Galerien und auf Kunstausstellungen. Versuchen Sie, sich dort mit den Künstlern zu unterhalten – bei kleineren Ausstellungen ist dies ohne weiteres möglich. Das Gleiche gilt für Autorenlesungen: Wenn ein bestimmtes Ambiente gegeben ist und die Gelegenheit besteht, können Sie dem Autor Fragen stellen oder direkt mit ihm ins Gespräch kommen.

Haben Sie in Ihrer Umgebung näheren Kontakt mit einer Persönlichkeit aus Ihrem bevorzugten Interessenbereich, dann versuchen Sie durch anregende Gespräche etwas über sie und ihre Art zu erfahren. Unterhalten Sie sich nicht über belanglose Allerweltsdinge, sondern lenken Sie das Gespräch auf das Thema, das *Sie* interessiert – nutzen Sie die Chance und fragen Sie gezielt, aber werden Sie nicht indiskret. Wahren Sie die Form, stellen Sie ansprechende und geistreiche Fragen und Ihr Gegenüber wird geschmeichelt und offen antworten.

Das können Sie von Persönlichkeiten lernen:
- Wie sie ihren Lebensweg beschritten haben und noch beschreiten.
- Welche Erfolge sie mit welchen Mitteln erzielten.
- Wie sie mit Misserfolgen umgingen und umgehen.
- Welche Ziele sie sich setzen und wie sie diese angehen.

Ihre Auseinandersetzung mit Persönlichkeiten sind Auseinandersetzungen mit Siegertypen – als solche sind sie auf jeden Fall für Sie und Ihren Arashi-Weg wichtig.

Sie brauchen solche Siegertypen zu Ihrer eigenen Inspiration und Motivation. Je öfter Sie mit Siegertypen verkehren, um so besser: Dadurch werden Sie immer wieder mit deren Erfolgen konfrontiert und angestoßen, an Ihrem eigenen Erfolg weiter zu arbeiten.

Werden Sie nicht müde nach Gelegenheiten Ausschau zu halten, um immer wieder aufs Neue durch Persönlichkeiten motiviert zu werden.

Inspiration durch Künstler

Staatsmänner, Industriemagnaten und Börsenspekulanten haben weltliche Bereiche zu ihren Elementen erhoben – sie jonglieren mit Zahlen, kalkulieren hart und gehen diplomatisch vor. Wissenschaftler gehören der analytischen Fraktion an – sie zerlegen ihr Forschungsobjekt bis ins Kleinste und erstellen gewaltige theoretische Gebäude. Sportler fokussieren ihren Wirkungsgrad auf die körperliche Ebene.

Was ist mit den Künstlern?

Künstler haben als Kunst schaffende Menschen – anders als Politiker, Wissenschaftler und Sportler – ihr Leben dem schöpferischen Gestalten gewidmet.

Bezogen auf Ihren Arashi-Weg beantworten Sie drei Fragen auf Ihrem Block:

* Welche Künste faszinieren mich?
* Welche Künste inspirieren mich?
* Wer steckt hinter diesen Künsten?

Es gibt Kunstgattungen, die Sie faszinieren, die Sie gerne anschauen oder anhören, die Sie für Ihre geistige Erbauung brauchen. Diese Künste müssen Sie nicht unbedingt inspirieren. Wenn Sie leidenschaftlich malen, kann ein pompöses Konzert sie faszinieren, Ihre Inspirationen holen Sie sich aber eher auf einer artverwandten Ausstellung.

Künste, denen Sie sich selbst hingeben oder die Parallelen zu Ihrer Kunst schaffen, können Sie inspirieren; wenn Sie Lyrik über die Natur schreiben, können es Landschaftsbilder oder Fotografien sein, die Sie zu Gedichten inspirieren.

Interessieren Sie sich immer auch für die Künstler der Werke: Wer ist der Maler dieser farbenfrohen Aquarelle? Welcher Mensch verbirgt sich hinter dieser poetischen Literatur? Was für ein Kopf schafft diese eindrucksvollen Skulpturen? Wer verschmilzt dort mit dem Flügel, während er seine eigenen Kompositionen spielt?

Viele Menschen besuchen Ausstellungen, setzen sich in Lesungen und in Konzerte, gehen in die Oper und fahren zu Musicals. Sie beobachten die Darbietungen, applaudieren nach einer gelungenen Vorstellung, trinken im Foyer ein Glas Sekt, um spätestens am nächsten Tag die Eindrücke vergessen zu haben.

Diese Art und Weise Kunst zu konsumieren entspricht nicht dem Arashi-Gedanken – sie wird beiden nicht gerecht: weder der Kunst noch dem Künstler. Befassen Sie sich mit der Kunst, die Sie genießen. Studieren Sie das Programmheft ebenso wie die Biographien der Darsteller. Sie brauchen sich nicht zu einem Universalgenie heranbilden, aber verlangen Sie von sich selbst ein gerüttelt Maß an kulturellen Kenntnissen.

Frönen Sie einer Kunst? Auf welches Niveau haben Sie sich emporgearbeitet? Sind Sie schon so gut, dass Sie Ihre Werke einem passenden Publikum präsentieren können, einer geneigten Hörerschaft vortragen?

Wie viel Zeit verbringen sie mit Ihrer Kunst? Täglich eine, zwei oder mehrere Stunden, einmal wöchentlich eine Stunde? Wie viel Herzblut haben Sie darin schon vergossen? Was fühlen Sie, wenn Sie sich Ihrer Kunst hingeben? Vergessen Sie die Zeit, wenn Sie mit getränktem Pinsel über grobes Leinen fahren, mit blauer Tinte Ihre Texte auf blütenweißem Papier entwerfen oder frische Frühlingsblumen zu einem Arrangement zusammenstecken?

Wird der Raum, in dem Sie sich befinden, zur Nebensache? Interessiert es Sie noch, ob Sie in einem Hinterhof spielen oder auf dem Dachboden, wenn Sie Ihre Gitarre oder Geige in der Hand halten?

Künstler haben – wie Mentoren – Arashi im Kopf. Sie sind sehnsuchtsvolle und leidenschaftliche Menschen. Sie gehen in ihrer Kunst auf. Sie leben in ihr – erinnern Sie sich an Mozart!

Es ist unerheblich, welche Kunst es ist – ob der Maler sein Bild malt, der Schriftsteller seinen Roman verfasst, der Musiker sein Stück komponiert: Künstler leben *für* Ihre Kunst.

Künstler schaffen Kultur und bereichern unser Leben. Große Künstler wie Goethe und Rembrandt haben Denken und Fühlen ganzer Volksschichten geprägt und Epochen beeinflußt. Dafür sind sie leider oft erst nach ihrem Tode gebührend geehrt worden.

Künstler sind die Menschen, die uns zu den exotischen Oasen unseres besonnenen Lebens führen. Wir brauchen diese Oasen, um uns dort aus unserem Alltag reißen zu lassen.

* Nehmen Sie sich Persönlichkeiten und Künstler zum Vorbild: Machen Sie sich deren Vorzüge zu eigen und lassen Sie sich von ihnen inspirieren – dazu sind sie da.

Werden Sie sich über den Wert der Kunst bewusst und werden Sie selbst ein Künstler.

Neue Hobbys

In Teil II haben Sie sich bereits eingehend mit Ihren Hobbys beschäftigt. Jetzt werden Sie hier im dritten Teil noch einmal darauf angestoßen. Warum?

Durch das Lesen in diesem Buch erweitern Sie Ihren Horizont und gewinnen ständig neue Erkenntnisse über die Zusammenhänge des Alltags. Sie haben sich Gedanken über Persönlichkeiten und Künstler gemacht und darüber, was deren Leben von Ihrem unterscheidet.

Schlagen Sie jetzt über das Hobby die Brücke zwischen Künstlern und Ihnen.

Hobbys sind eine Bereicherung Ihres Lebens – Sie konsumieren nicht wie beim Fernsehen, sondern Sie *gestalten aktiv.* Das, was für den Künstler gilt, gilt auch für Sie, wenn Sie sich Ihrem Hobby hingeben.

»Mein Hobby ist Lesen, wie steht es damit?«, werde ich öfter gefragt. Lesen, das von vielen als Hobby angeführt wird, ist in strengem Sinne auch konsumieren, aber es macht das Manko der Passivität dadurch wett, dass es bildet und Phantasie und Abstraktionsvermögen fördert. Die Umsetzung von Schrift zu Bildern im Kopf ist eine gewaltige Leistung des Gehirns und nützlich für die Kommunikation: Aufmerksamkeit, Assoziationsfähigkeit und Sprachvermögen werden entwickelt. Wer viel liest, erweitert seinen Horizont und kann Botschaften, die ihm übermittelt werden, besser aufnehmen und verstehen. Die Fähigkeit Gedankenverbindungen herzustellen, hilft Lösungen zu Alltagsproblemen zu finden, weil man in Ratgeberbüchern oder auch in Romanen über ähnliche Situationen gelesen hat.

Ich beschränke mich hier auf aktive Hobbys. Es ist dabei nicht wichtig, aus welchem Bereich Ihr Hobby stammt.

Es geht darum, die *fruchtbare Kraft* von Hobbys zu nutzen! Sie wissen aus eigener Erfahrung, dass die Ausübung Ihres Hobbys Sie positiv verändert – Sie entwickeln Begeisterung. Diese Begeisterung wiederum fördert Ihre Energie für den Alltag. Ich habe in Teil I bereits die Verknüpfung von Begeisterung, Leidenschaft und Sehnsucht erläutert. Sie müssen anstreben Begeisterung und Energie nicht nur für das Hobby zu haben, sondern auch für den Beruf!

»Was machen Sie beruflich?«, lautet die erste Frage, die Ihnen bei einer ersten Begegnung gestellt wird, nicht »Was ist Ihr Hobby?«.

Sie bauen Ihr neues Leben auf, nachdem Sie mit dem alten ganz oder teilweise gebrochen haben. Welche Rolle hat dabei Ihr Beruf gespielt? Welche Ihr Hobby?

* Gehen Sie noch einmal Ihr(e) Hobby(s) durch:
* Wo könnten Sie zum Künstler werden, zum Crack oder zum Profi?
* Wer übt noch Ihr Hobby aus und könnte mit Ihnen zusammenwirken?
* Welche Kontakte haben Sie, die Sie mit Ihrem Hobby in Verbindung bringen könnten?

Kurse besuchen

Schulen Sie sich in Ihrem Hobby. Besuchen Sie Kurse und Seminare. Hören Sie sich Vorträge namhafter Kapazitäten an. Seien Sie innovativ. Experimentieren Sie mit ganz neuen Hobbys. Erfüllen Sie sich Ihre Kinderträume – es gibt nichts, was man nicht lernen kann (es sei denn, gravierende persönliche Mängel hindern Sie definitiv daran). Überall finden sich Menschen, die Ihnen das Gewünschte beibringen – das ist wichtig, denn viele ambitionierte und talentierte Hobbyisten geben vorzeitig auf, weil sie allein nicht mehr vorankommen und es ihnen an Anleitung fehlt.

* Lesen Sie bewusst und aufmerksam die Programme der Bildungseinrichtungen. Überfliegen Sie keine Seiten, sondern gehen Sie alle Bereiche durch – nur so verschaffen Sie sich einen kompletten Überblick über die breite Angebotspalette.

Kreuzen Sie in den Programmen alles an, was Sie immer schon einmal lernen wollten. Setzen Sie dann Prioritäten und entscheiden Sie sich. Beantworten Sie dazu drei Fragen:

1. Wie viel Zeit kann ich für das Hobby/den Kurs aufbringen?
2. Wie viel Geld kann ich dafür investieren?
3. Welche Umstände muss ich dafür arrangieren (zum Beispiel eine Vertretung oder einen Babysitter beschaffen)?

Die Beantwortung (wenn nicht bereits schon in Teil II geschehen) dieser drei Fragen dürfte Ihnen nicht schwer fallen – sie betreffen den zweiten Lebensbereich (Beziehung und Familie), den dritten (Freizeit und Hobby) und den fünften (Geld).

Wenn Sie alles geregelt haben, melden Sie sich an!

Der Vorteil von Kursen liegt auf der Hand:
• In Kursen haben Sie eine fachmännische Anleitung. Ihnen wird ein Weg vorgegeben, dem Sie sich anschließen. Sie brauchen nicht

autodidaktisch vorzugehen – das haben Sie vielleicht vorher getan und bestimmte Erfolge erzielt, aber Sie werden ein Niveau erreichen, wo Sie die Unterweisung von Profis brauchen, um sich weiterzuentwickeln.

Bestimmte Hobbys (Tauchen, Drachen fliegen ...) können Sie gar nicht autodidaktisch erlernen.

* Sie können Fragen stellen und Probleme behandeln, deren Lösung im Alleingang Sie viel Zeit und Mühe kostet und außerdem nicht befriedigend ausfällt, weil Ihnen wichtiges Wissen fehlt.

* Ein kompetenter Kursleiter vermag auf Ihre Bedürfnisse als Teilnehmer einzugehen. Er weiß zu führen und zu vermitteln. Aus der Fülle der Informationsmaterialien, die es zu Ihrem (neuen) Hobby gibt, hat er eine Auswahl getroffen, die ihm zur Gestaltung des Kurses dienen.

* Er kann Sie beraten, wenn Sie sich in die Materie vertiefen wollen.

* Zu den Vorteilen einer fachmännischen Anleitung gesellen sich die Punkte rund um die Kommunikation: Sie kommen mit neuen Menschen ins Gespräch, Sie können sich einbringen und an gemeinsamen Unternehmungen, Bildungsreisen und Ausflügen teilnehmen.

* Die Verlierer-Eigenschaft »mangelnde Kontinuität« wird durch eine feste Gruppe, die sich regelmäßig trifft, getilgt: Sie richten sich auf Ihren Kurs ein, Sie haben Ort und Uhrzeit in Ihren Alltag integriert. Sie bekommen Hausaufgaben und sind somit gefordert, sich weiter mit der Materie zu beschäftigen.

* Die Resonanz des Lehrgangsleiters und der anderen Kursteilnehmer fördert Sie. Sie stellen sich bewusst der Kritik und entwickeln sich dadurch weiter.

* Nach einem absolvierten Kurs schließen Sie sich einem Folgekurs an oder belegen begleitende Kurse. So können Sie Ihre Entwicklungen ständig aufrecht halten.

Das Hobby zum Beruf machen

Haben Sie schon einmal erwogen, Ihr Hobby zum Beruf zu machen? Wie weit und wie tief haben Sie diesen Gedanken entwickelt? Sind Sie schriftlich vorgegangen und haben alle Für und Wider aufgelistet? Haben Sie jedem Kontra einen Lösungsversuch entgegengestellt?

Könnten Sie sich folgenden Werdegang auch bei Ihnen vorstellen?

Waltraut, 40, Krankenschwester, trainiert in meiner Schule und kümmert sich um die Pflanzen im Dojo. Ich erfuhr von ihr, dass der ständig wechselnde Schichtdienst sie vollkommen auszehrt und sie die Blumen braucht, um sich zu erholen. Ihr kreatives Geschick mit Pflanzen fiel mir auf, als sie immer wieder aufwendige Blumengestecke ins Dojo brachte.

»Du hast wirklich Begabung in dieser Sache. Hast du das gelernt?«, wollte ich von ihr wissen.

»Ne, das habe ich mir selbst beigebracht. Ich hole Anregungen von Fotos in Zeitschriften.«

»Willst du das nicht richtig lernen? Du lernst ja Jiu-Jitsu bei mir auch von der Pike auf.«

»Das wäre schon gut, aber wann, wo, wie?«

»Kurse im Blumenstecken gibt es doch überall, du musst dich halt mal informieren!«

Mehrere Wochen vergingen, in denen Sie mir immer wieder ihr Leid mit dem Schichtdienst klagte, ohne etwas dagegen zu unternehmen. Auf einer Bonsai- und Ikebana-Ausstellung, die wir gemeinsam besuchten, meldete sie sich schließlich zu einem VHS-Kurs in Ikebana an. Danach belegte sie bei einer japanischen Meisterin mehrere private Kurse und legte auch Prüfungen ab. Durch die intensive Auseinandersetzung spürte sie, wie sich ihr Wissen und Können steigerten und ihr Selbstvertrauen stärkte. Sie entwickelte neue Ideen und überlegte sich, wie sie Kurse gestalten würde.

Als sie ein fertiges Konzept ausgearbeitet hatte, bewarb sie sich bei der Volkshochschule. Sie wurde angenommen und leitete Ihren ersten Kurs. In ihren Kursen knüpfte Sie weitere neue Kontakte, unter anderem mit einer selbständigen Floristin. Mit dieser ergab sich eine fruchtende Zusammenarbeit: Waltraut arrangiert heute dort hauptsächlich Ikebanagestecke, bindet aber auch Kränze und Blumensträuße. Sie gibt übers Jahr mehrere Kurse an verschiedenen Orten. Der Schichtdienst ist Vergangenheit. Waltraut hat Ihr Hobby zum Beruf gemacht. Arashi hat ihr dabei geholfen: »Ohne einen Stufenplan und den Anstößen von Arashi, wäre ich heute nicht dort, wo ich jetzt bin. Ich würde immer noch meinen Schichtdienst ableisten und meine Situation märtyrerhaft ertragen.«

Originär oder epigonal –
Wer ist der wirkliche Baumeister Ihres Lebens?

Mit dem Beschreiten des Arashi-Weges werden Sie zu einem Sieger des Alltags – Sie denken mit Ihrem eigenen Kopf, entwickeln eigene Ideen. Sie brechen, wo ein Bruch nötig ist, und sind innovativ, wo Neuerungen angebracht sind, das heißt:

Arashi hat weder etwas mit oberflächlichen Mitmachern zu schaffen noch mit kauzigen Eigenbrötlern oder weltfremden Phantasten. Der Arashi-Weg ist der Weg der *wahren* Individualisten.

Wahre Individualisten kehren Ihre Persönlichkeit nicht wichtigtuerisch heraus und reiben sie jedem ungefragt unter die Nase. Wahre Individualisten drücken sich durch sich selbst aus, genauer: durch die Qualität Ihrer Handlungen.

Die Qualität einer Handlung hängt von folgenden Faktoren ab:

Identifikation: Wer sich mit einer Sache voll identifiziert, wird sie seinen Möglichkeiten entsprechend optimal gestalten.

geistigem Potential: Je mehr intellektuelle Arbeit in einer Handlung steckt, umso hochwertiger wird sie werden – Oberflächlichkeit kann keine Qualität erbringen.

allgemein geltenden Maßstäben: Es gibt Richtlinien, die Qualität festlegen – ein verkochtes Menü, ein tropfender Wasserhahn oder ein gestottertes Gedicht zeugen nicht von Qualität.

Besonderheit: Wenn Äußerungen oder Handlungen den Rahmen des Alltäglichen sprengen – eine Rede, die die Gemüter nachhaltig bewegt, oder eine Handarbeit, die über das Maß des Normalen hinausgeht, birgt Qualität.

Nutzen: Weitreichender Nutzen ist ebenfalls ein Merkmal für Qualität – wenn etwas zu nichts nütze ist, welche Qualität besitzt es?

Als wahrer Individualist lösen Sie sich von der Schafherde, aber sind dennoch kein Sonderling. Sie lassen sich von anderen wahren Individualisten inspirieren und suchen sich Vorbilder, aber Sie sind kein Epigone.

Sie bleiben Sie selbst und entscheiden durch Ihr Handeln, ob Sie Lehrling, Geselle oder Baumeister des Lebens sein wollen. Die Qualität Ihres Denkens und Fühlens bestimmt die Qualität Ihrer Sprache und Ihrer Handlungen – eine langjährige, kontinuierliche Folge von qualitativ hochstehenden Handlungen lässt Sie zu einer charismatischen Persönlichkeit und zu einem Vorbild für andere werden. Auf dieser Ebene festigt sich der Arashi-Weg:

Das Aufrechterhalten eines inspirierten Alltags und eines ausgeglichenen Lebens im Umfeld von Gleichgesinnten.

Bewahrer des Windes

Den Wind nicht einschlafen lassen

Sie haben Veränderungen in Ihrem Alltag erwirkt und neue Inhalte festgelegt. Was können Sie zu all dem bisher Gesagten noch tun, damit Ihr neues Leben dauerhaft bleibt und Sie nicht wieder in Ihr altes Brisendasein verfallen? Sie müssen *kontinuierlich* an Ihrer Weiterentwicklung arbeiten! Diese Art von Arbeit ist die interessanteste und lohnendste, denn es ist die Arbeit an der wichtigsten Sache der Welt.

In den folgenden fünf Kapiteln schildere ich weitere Mittel, die Ihnen zusätzlich zu den Arashi-Punkten helfen, der Bewahrer Ihres *eigenen* Windes zu bleiben. Diese Mittel bilden deswegen eine komprimierte Zusammenfassung des bisher Gesagten und fügen ihm dennoch Neues hinzu.

Demotivatoren besiegen

Lassen Sie sich nicht von Demotivatoren aus der Bahn werfen, im Gegenteil: Besiegen Sie diese!

Demotivatoren sind alle negativen Informationen und Einflüsse, die von außen auf Sie einströmen. Tagtäglich werden wir alle damit zugeschüttet. Die Nachrichten sind eine Garantie für Demotivatoren – 90 Prozent der Informationen sind negativ: Steuererhöhungen, Arbeitslosigkeit und Politskandale; Eisenbahnunfälle, Naturkatastrophen und Gewaltverbrechen; Genmanipulationen, Lebensmittelseuchen und zunehmende Zivilisationskrankheiten. Schlechte und vor allem sensationsträchtige Ereignisse sind zunehmend auch die Inhalte von Reportagen der privaten Fernsehsender.

Es ist eine Tatsache, dass dieses ständige Überhäufen mit Hiobsbotschaften sich ins Unterbewusstsein gräbt und negative Stimmungslagen erzeugt. Die meisten Menschen sind davon schon so stark verseucht, dass sie die allgemeine Lage für Ihr eigenes Stagnieren verantwortlich machen.

* Was können Sie dagegen tun?
Sie haben zwei Möglichkeiten, dieser Dauer-Überfrachtung mit negativen Informationen zu begegnen:
1. *Bewusstes Ignorieren*:
Nachrichten weder hören und ansehen, keine negativen Zeitungsmeldungen lesen, sich keine schlechten Neuigkeiten und Tratsch von Bekannten anhören. Diesen Zustand der Nicht-Information haben Sie oft im Urlaub; das ist ein gewichtiger Grund, warum Sie dort ausgeglichener sind.

Die rigorose Abschottung gegenüber negativen Informationen können Sie ohne große Anstrengung durchführen, sie ist aber falsch. Sie ist dann akzeptabel, wenn sie therapeutisch angezeigt ist, Sie unter akuten Stress-Symptomen oder schleichenden Depressionen leiden. Aber auch dann sollte sie zeitlich begrenzt sein. Warum? Wenn Sie sich dauerhaft von allem Negativen abschotten, eine Vogel-Strauß-Politik betreiben, werden Sie weltfremd; das ist nicht im Sinne von Arashi.

Das Schlechte gehört zu unserer Welt genauso wie das Gute, und jedes birgt etwas vom anderen in sich – das ist bildlich sehr gelungen im Yin-Yang-Symbol ausgedrückt.
2. *Filtern und verarbeiten*:
Verriegeln Sie also die Aufnahme von Negativem nicht komplett, sondern *filtern* Sie sie: Entscheiden Sie ganz bewusst, welche Demotivatoren Sie an sich heranlassen und welche nicht.
Zur inneren Verarbeitung merken Sie sich dazu folgende Kausalkette:

| *Bewertung* → *Zustand* → *Verhalten* → *Ergebnisse*

Das bedeutet: Ihre Bewertung von Sinneseindrücken (von außen kommende und innerpsychische Informationen) prägt Ihren Zustand. Ihr Zustand beeinflusst Ihr Verhalten. Ihr Verhalten erzeugt positive oder negative Ergebnisse.

Wandeln Sie Demotivatoren innerlich in positive Informationen um, indem Sie das Brauchbare in ihnen ausloten: Wenn ein Bekannter Ihnen mit den Worten »Was, Du und Rauchen aufhören? Das schaffst du eh nicht!« begegnet, dann gestalten Sie diese negative Aussage für sie entsprechend um: Nehmen Sie sie als Herausforderung an, denken Sie »Das ist *seine* Meinung. Ich werde es ihm beweisen, dass er Unrecht hat!«

Beobachten Sie, wie bei Naturkatastrophen sich die Geschädigten gegenseitig helfen. Nehmen Sie Anteil am Engagement von Ärzten, Rettungsdiensten und sozialen Einrichtungen. Was würden Sie tun, wenn Sie davon betroffen wären?

Motivatoren herbeischaffen

Schaffen Sie sich Motivatoren an, die
1. ein Gleichgewicht zu den Demotivatoren bilden und
2. Ihre Motivation aufrechterhalten.
Motivation ist nur dauerhaft, wenn sie ständig bearbeitet und trainiert wird.

Da Sie täglich mit Demotivatoren konfrontiert werden, müssen Sie sich genauso täglich mit Motivatoren versorgen.

Spätestens jetzt erkennen Sie, warum Ihre persönliche Entwicklung zum Alltagssieger Arbeit bedeutet. Ein inspiriertes Leben bekommen Sie nicht geschenkt. Ein positives Gemüt ist nicht nur Veranlagung. Um wirklich ein Sieger des Alltags zu werden, müssen Sie *täglich* daran arbeiten, nicht nur einmal im Monat oder am Wochenende.

Mit diesem Anspruch sind die meisten Menschen überfordert – das ist der Grund, warum es so wenige wirkliche Alltagssieger gibt. Die meisten Menschen arbeiten nicht täglich an sich. Sie finden tausend Gründe, die sie von sich selbst abhalten: »Das würde mich schon interessieren, aber dazu habe ich keine Zeit«, lautet die Standard-Ausrede, die im Grunde eine Lüge ist, denn Zeit hat man nicht, Zeit *nimmt* man sich.

Die gute Nachricht: Tägliches Arbeiten an sich selbst bedeutet nicht 24-stündiges Einhalten aller Gebote und Strategien; um das zu können, müssten Sie ein Übermensch sein. Tägliches Arbeiten an sich selbst bedeutet, dass Sie größtmögliche Bewusstheit in Ihren Tag legen und dass Sie, *je nach Ihrer Tagesform*, mehr oder weniger aktiv an Ihrer Entwicklung arbeiten.

So können Sie Ihre tägliche Arbeit an sich selbst unterstützen:
* Wenn Sie mit dem Auto oder Fahrrad fahren, mit dem Zug unterwegs sind oder spazieren gehen, hören Sie Kassetten über Motivation, Persönlichkeitstraining, Erfolgsstrategien. Hören Sie diese Kassetten immer wieder und so oft, bis Sie die Inhalte mit eigenen Worten wiedergeben können.
* Lesen Sie Biographien und Erfolgsstorys berühmter Menschen. Studieren Sie Portraits von Prominenten in Zeitschriften.
* Erweitern Sie Ihr Wissen durch Fachbücher und Fachzeitschriften, durch Vorträge, Seminare und Kurse.
* Sehen Sie täglich auf Ihr Veränderungsblatt.
* Postieren Sie motivierende Bilder und Sprüche an strategisch günstige Plätze wie Badezimmer, Küche, Garderobenspiegel.
* Hören Sie Musik, die Sie stimuliert, und sehen Sie sich Filme an, die Sie inspirieren.

Fokussieren

Fokussieren heißt hier: sich ein Ziel setzen und unentwegt daran arbeiten. Wie setzen Sie sich Ziele?

Sich bewusst Ziele setzen ist ein kreativer Akt. Wenn Sie sich Ziele setzen und diese aufschreiben, gehen Sie wie folgt vor: Sorgen Sie für eine passende Umgebung und einen passenden Zeitpunkt – Sie brauchen die innere Bereitschaft dafür, denn Zielsetzung geschieht nicht zwischen Tür und Angel.

Befreien Sie Ihr Denken von sämtlichen Beschränkungen, das heißt, beantworten Sie ausschließlich Fragen wie: »*Was* will ich erreichen? *Wo* will ich hin? *Was* ist mein Wunsch, mein Traum?« anstatt »*Wie* kann ich es erreichen?« Schreiben Sie nur auf, was Sie sich wünschen. Alle Gedanken an die Umsetzung sind in diesem Moment hinderlich.

Dann setzen Sie die Frist dahinter, in der Sie das Ziel erreichen wollen (das haben Sie bereits beim Veränderungsblatt getan).

Wenn Sie Ihr Ziel ab jetzt *nicht aus den Augen lassen*, wird Ihr Unterbewusstsein Ihr Bewusstsein immer darauf anstoßen, entsprechende Schritte zu unternehmen. Ihre Wahrnehmung wird sich auf das Erreichen Ihres Ziels einrichten: Sie werden alle Informationen aufnehmen, die sich Ihnen dazu bieten. Sie sehen Anzeigen in Zeitschriften, die Sie früher überblättert haben, Sie hören Reportagen, die Ihnen weitere Informationen zuspielen, Sie kaufen Bücher, die Sie vorher gar nicht beachteten, weil das definierte Ziel in Ihnen nicht vorhanden war.

Fügen Sie alle Schritte zum Erreichen Ihres Zieles in Ihren Tagesablauf, in Ihren Wochen-, Monats- und Jahresplan ein. Ziele, da sind Sich alle Mentoren einig, geben Ihrem Leben entscheidenden Inhalt. Wenn Sie sich zum Ziel gesetzt haben, die »beste Familie der Welt« zu haben, werden Sie alles Nötige tun, um diesen Zustand zu erreichen. Sie werden ebenso entsprechende positive Reaktionen von ihrem Ehepartner und Ihren Kindern erhalten.

Visualisieren

Beim Fokussieren Ihrer Ziele erzeugen Sie Bilder (»ein Ziel vor Augen haben«, »mir schwebt vor«, »meine Vision« ...).

Diese Bilder sind das Kommunikationsmittel zwischen Bewusstsein und Unterbewusstsein. Je stärker Ihre Bilder sind, je mehr Gefühle und Empfindungen Sie in Ihre Bilder legen, umso stärker aktivieren Sie Ihr Unterbewusstsein. Sehen Sie sich bereits als Teil Ihres Zieles.

Sehen Sie nicht in statischen Bildern, sondern lassen Sie Gefühlskino vor Ihrem geistigen Auge entstehen – arbeiten Sie mit all Ihren Sinnen: Hören Sie, schmecken Sie, riechen Sie; *erleben* Sie sich in Ihrer neuen Kleidung, am Steuer Ihres neuen Wagens, bei der Eröffnung Ihrer ersten Ausstellung.

Autosuggestionen anwenden

Autosuggestionen sind formelhafte Vorsätze, die Ihnen helfen, an Ihrem Ziel festzuhalten. Autosuggestionen sollten kurz und griffig formuliert und auf Ihr jeweiliges Ziel zugeschnitten sein.

Sie haben zwei Möglichkeiten Autosuggestionen anzuwenden:

1. *Im aktiven Zustand (Beta-Zustand):* Sie stehen vor Ihrem Spiegel und sagen laut und deutlich Ihre Autosuggestion (zum Beispiel »Ich bin stark!«, »Ich schaffe es!«) ein Dutzend Mal vor. Bedienen Sie sich dabei einer kraftvollen Sprache und Gestik. Steigern Sie sich mit jeder Wiederholung mehr und mehr in die Formel, ballen Sie Ihre Fäuste, erheben Sie Ihre Arme. Benutzen Sie die Körpersprache eines Siegers.

2. *Im entspannten Zustand (Alpha-Zustand):* Diesen entspannten Zustand erzeugen Sie bewusst beim Autogenen Training. Im Alpha-Zustand sprechen Sie nicht aktiv, sondern denken sich die Formeln und visualisieren dabei.

Die abwechselnde Anwendung beider Methoden verstärkt den Effekt. Wählen Sie die Alpha-Anwendung vor dem Einschlafen und vor dem Aufstehen, die Beta-Anwendung während Ihrer Leistungshochs.

Autosuggestionen sind nur dann sinnvoll, wenn die Formulierungen Ihrem eigenen Fühlen und Denken entsprechen. Von anderen vorgefertigte Formeln emotionslos herunterzuleiern, ist vergeudete Zeit.

San-in – Ein Kreis und doch kein Kreis

Der japanische Begriff »San-in« bedeutet wörtlich »Drei in Einem« und ist ein Teil von Arashi.

Das San-in-Symbol stellt einen in drei unterschiedliche Segmente geteilten Kreis dar. Die drei Kreissegmente stehen für drei *Lebenselemente*, zum Beispiel für Geist, Körper und Seele. Das Symbol drückt aus, dass diese Elemente, obwohl sie zusammengehören, dennoch nur eine unvollkommene Einheit (einen unvollkommen Kreis) bilden – die Zwischenräume trennen die Segmente voneinander. Würde es gelingen, die Zwischenräume zu entfernen, könnte man die Segmente aneinander fügen, aber selbst dann entsteht kein egaler Kreis. Das San-in-Symbol verbildlicht einmal mehr die Weisheit »*Der Weg ist das Ziel*«:

Selbst im Wissen um die Unmöglichkeit der Vollkommenheit (*das Ziel*: der egale Kreis) strebe ich die Vollkommenheit an. Dieses Streben (*der Weg*: das Ausfüllen jedes einzelnen Segments, das Entfernen der Zwischenräume und das Aneinanderfügen der Segmente) ist demnach das Ziel!

• Zur Verdeutlichung: Pausen Sie den San-in-Kreis ab oder fotokopieren Sie ihn, schneiden Sie die einzelnen Segmente aus, fügen Sie sie zusammen und sehen Sie selbst.

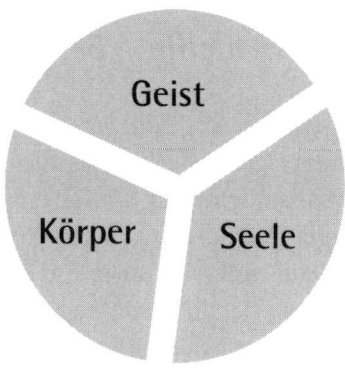

Im Folgenden finden Sie vier Beispiele, bei denen die Konstellation einzelner Lebenselemente zu einer Dreiheit deutlich wird.

Dreiheit Geist – Körper – Seele

* *Geist:* Ihr Geist ist Ihr Intellekt. Er ist geformt durch Ihre biologischen Anlagen und was Sie daraus gemacht haben. Bewahren Sie sich einen wachen Geist, in dem Sie ihn ständig beanspruchen mit Fremdsprachen, Denkaufgaben, Literatur ... Wer im Geist rege ist, bewahrt sich die Welt.
* *Körper:* Ihr Körper ist Ihr Haus. Sie müssen damit leben von Ihrer Geburt an bis zu Ihrem Tod. Pflegen Sie Ihren Körper und leben Sie in Einklang mit ihm. Treiben Sie keinen Raubbau an ihm, Sie werden es irgendwann büßen müssen.
* *Seele:* Die Seele ist das Bindeglied zwischen Körper und Geist. Körper und Geist können nur gute Dienste leisten, wenn Sie seelisch ausgeglichen sind. Pflegen Sie Ihre Seele ebenso wie Geist und Körper, mit einem umfassenden Bewusstsein über die Zusammenhänge der Welt und einem ausgewogenen Verhältnis zwischen Anspannung und Entspannung in Ihrem Alltag.

Dreiheit Familie – Beruf – Intimsphäre

• *Familie:* Die soziale Rolle der Familie ist unbestritten. Werden Sie sich sowohl Ihrer eigenen Stellung als auch der der anderen Familienmitglieder bewusst. Geben Sie das Gute, das Sie in Ihrer eigenen Erziehung erfahren haben weiter, löschen Sie das Schlechte.

• *Beruf:* Ihr Beruf ist Ihre Existenz. Sie verbringen in der Regel zwei Drittel Ihres Lebens damit! Die Erfolge und die Misserfolge Ihres Berufes schlagen sich auch auf Ihr Familienleben und Ihr privates Leben nieder, sorgen Sie deswegen für einen gewissen beruflichen Erfolg.

• *Intimsphäre:* Ihre Intimsphäre ist Ihre ureigene Sache. Wahren Sie sich diesen Bereich. Sie brauchen Ihn für Ihren seelischen Ausgleich, und dieser bedingt wieder Ihr geistiges und seelisches Wohlbefinden.

Dreiheit Kind – Krieger – Weiser

• *Kind:* In Ihnen steckt – wie in uns allen – ein Kind. Es demonstriert Ihre Unbedachtsamkeit und Ihre Emotionen: Wenn Sie überreagieren und irrational handeln, hat das Kind in Ihnen die Vorherrschaft. Das Kind in Ihnen schenkt Ihnen ebenfalls Freude und Glück – es ist der Hirte Ihrer Spontaneität und Ihrer Aufrichtigkeit. Behüten Sie Ihr Kindsein.

• *Krieger:* Der Krieger ist Ihre treibende Kraft. Er ruht wachsam in Ihnen. Sie müssen ihn rufen, wenn er Ihnen helfen soll. Der Krieger in Ihnen hat eine gute Seele, er wird auf das Kind hören, es auf die Schulter nehmen und mit ihm zu neuen Zielen aufbrechen.

• *Weiser:* Der Weise sitzt hoch oben auf einer Anhöhe und schaut ins Tal. Er genießt die Ruhe. Das Wissen um die Zusammenhänge des Lebens macht ihn heiter und gelassen. Der Weg zu ihm ist anstrengend. Man muss sich zu ihm bemühen, um Rat von ihm zu erhalten, denn er erteilt ihn nur, wenn er danach gefragt wird. Vertrauen Sie auf den Weisen in Ihnen – lassen Sie den Krieger zu ihm gehen, das Kind auf den Schultern.

Dreiheit Vergangenheit – Gegenwart – Zukunft

• *Vergangenheit:* Hängen Sie nicht an der Vergangenheit, das macht sentimental oder konservativ. Sentimentalität und Konservatismus schwächen den Krieger in Ihnen und dem Kind helfen sie auch nicht. Nutzen Sie die Erfahrungen der Vergangenheit, um in Zukunft die Gegenwart besser zu meistern.

• *Gegenwart:* Als immerwährendes Bindeglied zwischen Vergangenheit und Zukunft ist sie die *Königszeit* – ihr gehört das Leben. Es gibt immer nur eine Gegenwart, sie ist unendlich und heißt »Hier und Jetzt«. Hier und jetzt beschreiten Sie Ihren Weg. Die Gegenwart ist mit unserer Gesundheit das höchste Gut in unserem Leben. Und es ist dasjenige Gut, das jeder von uns zu gleichen Teilen besitzt, unabhängig von Alter, Geschlecht, Herkunft. Jeder Mensch auf der ganzen Welt besitzt 24 Stunden pro Tag. Nicht mehr und nicht weniger – was er daraus macht, das ist das Entscheidende.

• *Zukunft:* Vergeuden Sie Ihre Energie nicht mit irrationalen Phantastereien über die Zukunft, während Sie die Königszeit an sich vorbeiziehen lassen. Vergessen Sie den Gedanken »Wenn ich groß bin ... «. Sie sind jetzt groß!

Die Zukunft ist nur für *konkrete Zielplanung* interessant, darum leben Sie *für* die Zukunft, nicht in ihr.

Die Umsetzung von San-in

Sie können für jeden Lebensbereich entsprechende Dreiheiten zusammenstellen. Wichtig ist lediglich, dass Sie ein Gespür für die Verflechtungen Ihres täglichen Lebens entwickeln. Sie müssen die Gefüge erkennen, die den Alltag ausmachen, denn alles hängt mit allem zusammen, nichts ist isoliert. San-in versucht diese Komplexität mit dem Symbol des San-in-Kreises zu veranschaulichen – es ist ein einfaches Symbol mit tiefem Inhalt, gleich dem Yin-Yang-Symbol.

Wie können Sie San-in für sich nutzen?
Verbinden Sie San-in mit Autosuggestion und Visualisieren: Bringen Sie sich in den Alpha-Zustand und benützen Sie zum Beispiel folgende Formel:

»Mit jedem Tag baue ich auf: geistig, körperlich, seelisch!«

Visualisieren Sie dabei typische Situationen, schmücken Sie diese aus und seien Sie überall der Sieger – ohne andere zu Verlierern zu machen.
* Beim Begriff »geistig« visualisieren Sie, wie Sie aus Fachliteratur lernen, wie Sie interessante Gespräche führen, wie Sie an Kursen teilnehmen.
* Bei »körperlich« sehen Sie sich einen Waldlauf machen, Krafttraining absolvieren. Sie sehen sich in der Statur und der Verfassung, die Sie sich wünschen.
* Bei »seelisch« erleben Sie sich, wie Sie bei familiären Konflikten ruhig und gelassen bleiben, wie Sie unter beruflichem Stress oder Alltagshektik entspannt und doch wachsam sind.

Nutzen Sie den San-in-Kreis, um Verlierer-Eigenschaften auszumerzen! Belegen Sie dazu die Kreissegmente mit den jeweiligen Gegenteilen:
* Statt »Angst vor Auseinandersetzung« schreiben Sie hinein »Freude am Diskutieren« und erleben Sie sich, wie Sie bei einer Diskussion das Wort führen.
* Ersetzen Sie »mangelnder Elan« durch »Erfolg durch Leidenschaft« und erleben Sie sich, wie Sie gefeiert werden, wie Sie im Schweiße Ihres Angesichts – aber glücklich – arbeiten, tanzen, Sport treiben.

✳ »Neid« stellen Sie »Wohlwollen« entgegen und sehen Sie sich, wie Sie gerade diejenigen loben, die Sie sonst beneideten.

Da die Verlierer-Eigenschaften ein wesentliches Thema im Leben eines jeden Menschen ist, werde ich noch einmal in Teil IV darauf eingehen.

Bei der Formulierung im Beta-Zustand entfällt das Visualisieren, statt dessen setzen Sie die Bilder in Sprache um und beschreiben die Zustände mit aller Inbrunst. Stellen Sie sich vor Ihren Spiegel und halten Sie eine feurige und anspornende Rede: »*Jeden Tag* wecke ich erneut den Krieger in mir, packe das Kind auf meine Schultern und besuche den Weisen, um von ihm zu lernen. Ich spüre, wie meine Lebenskraft *täglich* in mir wächst.«

Zusammenfassung

In Teil III haben Sie Folgendes erfahren:
• Während und nach Ihren Lebensveränderungen müssen Sie eine Bestandsaufnahme machen – erfassen Sie Ihre Teil-Erfolge und kontrollieren Sie, ob Sie Ihre Fristen einhalten.
• Die Bestandsaufnahme fordert Sie entweder zu weiteren Forcierungen auf oder hält Sie zur Wahrung Ihres neuen Lebens an.
• Für diese Wahrung gibt es etliche Hilfsmittel: Inspiration durch Künstler, direktes und indirektes Lernen von Persönlichkeiten und das Beginnen neuer Hobbys. Regelmäßiges Besuchen von Kursen hält Ihren persönlichen Wind aufrecht, ebenso die *tägliche* Arbeit am Selbst: Mit der Methode des Fokussierens, des Visualisierens und der Autosuggestion besiegen Sie Demotivatoren.
• Die San-in-Methode ergänzt das schriftliche Denken. Sie können Zusammenhänge klären, Verknüpfungen erarbeiten und Affirmationen zusammenfügen, indem Sie Dreiergruppierungen vereinen.

Im nächsten und letzten Teil gehe ich auf die körperliche und mentale Stärke ein, die Lebenskraft schafft. Ich zeige Ihnen auf, wie Sie diese Lebenskraft durch Budo erlangen.

Wenn Sie bereits Budo betreiben, werden Sie in Teil IV Bestätigungen für Ihr Tun vorfinden und neue Impulse bekommen. Wenn Sie bislang noch nichts über Budo wußten, weiht er Sie ein in eine der faszinierendsten Motivationssysteme und deren Schöpfer, die Samurai. Im letzten Teil ermutige ich Sie, den Weg des Samurai selbst zu beschreiten und den Umgang mit dem Bokken, dem hölzernen Schwert der Ronin, zu erlernen.

Widmen Sie sich mit Ihrer bestmöglichen Achtsamkeit dem letzen Teil dieses Buches und lassen Sie sich weiterhin inspirieren.

IV

Mit dem Budo-Wind leben

In diesem Teil erfahren Sie,

• was Budo ist, wie Arashi und Budo miteinander zusammenhängen und warum diese Verbindung eines der besten Motivationssysteme ist

• wie Ihre Lebenskraft entscheidend von Ihrer körperlichen und geistigen Stärke abhängt und wie Sie diese beiden Stärken durch Budo erlangen und vereinen

• woher die Faszination der Samurai rührt und warum Sie sich diese Krieger zum Vorbild für Ihr Leben nehmen sollten

• warum das Bokken – das Holzschwert der Ronin – etwas Besonderes ist und wie Sie dieses Schwert für sich gebrauchen

Der Weg der Samurai

Was hat Budo mit Arashi zu tun?

Seit 30 Jahren betreibe ich Budo. Bereits als Kind habe ich die Faszination des Budo gespürt und es in mein Leben eingebunden: Meine damalige Berufswahl zum Zimmerer habe ich mit Budo-Prinzipien entschieden, meine Wanderschaft habe ich mit Budo-Prinzipien gelebt, und meinen weiteren Werdegang habe ich durch Budo-Prinzipien beschlossen – heute bin ich bundesweit der einzige Mentor, der über den unvergleichlichen Erfahrungsschatz einer dreijährigen Walz im In- und Ausland verfügt und darüber einen Roman publiziert hat. In meiner Eigenschaft als Diplom-Fachsportlehrer und Dan-Träger von insgesamt neun Dangraden in drei Disziplinen bin ich Autor eines Fachbuchs über das Bokken. In meiner Sportschule bilde ich Kinder, Jugendliche und Erwachsene bis zu Meisterehren aus und schule meine Trainer in Methodik und Didaktik. Meine Ausbildungen zum Budomeister und zum Mentaltrainer habe ich an renommierten Instituten mit Auszeichnung abgeschlossen.

Wenn Ihnen diese kurze Ausführung als Eigenlob erscheint, dann überlegen Sie, worauf Ihr Urteil fußt: Auf der Konditionierung »Eigenlob stinkt«. Hätten Sie das Gleiche gedacht, wenn die Kurzbeschreibung in der dritten Person verfasst wäre: Schultz-Gora betreibt seit 30 Jahren Budo, er ... Der Informationsgehalt bleibt aber derselbe. Stehen Sie zu sich selbst, zu Ihren Fähigkeiten! Scheuen Sie sich nicht, diese auch deutlich zu vertreten. Wie wollen Sie ein Sieger des Alltags werden, wenn Sie mit Ihren persönlichen Fähigkeiten hinter dem Berg halten?

In meiner Budo-Biographie liegen die Wurzeln von Arashi. Die Verknüpfung von Budo und Arashi unterscheidet dieses Buch von all den anderen Ratgebern.

Arashi ist aus meiner täglichen Budo-Praxis heraus entstanden. Ohne Budo hätte ich Arashi, so wie ich es seit Jahrzehnten umsetze und wie ich es hier niedergeschrieben habe, nicht entwickelt.

Wenn Sie die besondere Dynamik des Budo erkennen und gezielt anwenden, können Sie es in jeden der sieben Lebensbereiche integrieren und in Ihren Alltag übernehmen. Damit schaffen Sie ein festes Band zwischen Budo und Arashi.

Die Kraft, die Ihnen regelmäßiges Budo-Training gibt, wird Sie leiten, damit Sie an Ihrem ganz persönlichen Arashi-Weg festhalten können.

Was ist Budo?

Budo ist weit mehr, als was es im allgemeinen definiert wird: der »Überbegriff für japanische Kampfsportarten«.

Der Begriff »Budo« setzt sich zusammen aus »Bu«, was Ritter oder Krieger bedeutet, und »Do«, der Weg als Methode, der über eine bewusste Tätigkeit zu einem höheren Geisteszustand führt und damit dieser Tätigkeit ein Bildungsziel gibt.

Budo umfasst eine Vielzahl hoch stilisierter Kampfkünste, die durch den Einfluss des Zen-Buddhismus weit über den engen Rahmen der körperlichen Auseinandersetzung hinausgehen.

Die Verflechtung mit den östlichen Philosophien, dem Zen-Buddhismus, dem körperlichen Erleben und dem mentalen Anspruch ist so komplex und einmalig, dass Budo dadurch zu einem der hochwertigsten und besten aller existierenden Motivationssysteme wird.

Budo hat, wie der Arashi-Weg, nichts mit Konsumieren und Trends zu tun. Mehr als einen *Gi* und ein paar *Zori* brauchen Sie nicht. Es gibt keine Saisonfarben und keine neuen Schnitte. Budo und Arashi sind zeitlos und an keinen Ort gebunden. Wenn Sie Budo ausüben wollen, bietet sich Ihnen eine Fülle von Gelegenheiten. *Dojo* finden sich überall auf der Welt. Ebenso findet sich bei einschlägigen Verlagen umfangreiche Literatur, was sowohl die rein technischen als auch die mentalen Aspekte anbelangt.

Budo ist der ideale Weg, um die drei Komponenten Geist – Körper – Seele zu schulen, allein schon wegen seines ideologischen Überbaus, der auf der Welt einzigartig ist.

Je länger und je intensiver Sie Budo betreiben, umso wissbegieriger werden Sie werden und umso besser werden Sie die Zusammenhänge von Budo, Arashi und Alltag erkennen.

Der Judo-Veteran Herbert Velte, einer der deutschen Budo-Pioniere, beschreibt dies treffend:

> *»Nur der Budoka, der tief in den Geist des Budo eingedrungen ist und einzudringen versucht, wird auf das Geheimnis des Budo stoßen, das ihm ein nur unregelmäßiges und althergebrachtes Training niemals vermittelt.*
>
> *Das Geheimnis des Kämpfens, der guten Technik, der ausreichenden Kraft und der nötigen Kondition kann ergründet und physikalisch errechnet werden. Es ist aber nicht das wahre Geheimnis des Budo, das eben nicht mathematisch erfasst werden kann. Es ist bestenfalls nur die hohe Schule der Meisterschaft und des Kampferfolges. Wer dagegen das wahre Geheimnis des Budo kennt, wird es nicht als Geheimnis werten. Er wird es als intuitive Erfahrung achten und in der Form des unerschütterlichen Gleichmuts seinen Schülern durch die Tat vorleben. Um in das Geheimnis des Budo einzudringen, ist es wichtig, über ein körperliches Geschehen hinaus gleichzeitig auch die Gedanken und die Einstellung zum Leben positiv zu beeinflussen, um dadurch irgendwann die persönlichkeitsneubildende Umformung des Menschen zu erreichen. Der Erfolg dieses edlen Zieles stellt sich beim stetigen Training der ehrenvollen altjapanischen Kriegs- und Ritterkünste, verbunden mit dem ernsthaften Studium alter Lehren, wie von selbst ein.«[4]*

Ein verzerrtes Bild von Budo

Demonstrationen von Budo werden notgedrungen stets im sportlichen Rahmen gezeigt, dadurch reduziert sich fatalerweise das Bild des uneingeweihten Betrachters zwangsläufig auf diese sportliche Komponente.

Wenn Sie über die Budo-Materie nichts wissen, wie wirken dann Budo-Vorführungen auf Sie? Was sehen Sie?

- Sie sehen einen *Karateka*, der im weißen *Gi* und schwarzen Gürtel einen Stapel Dachziegel zerschlägt und dabei einen lauten, aggressiv wirkenden Schrei ausstößt.
- Sie sehen zwei in dunkelblaue Rüstungen gekleidete *Kendoka*, die mit Bambus-Fechtstöcken aufeinander schlagen.
- Sie sehen zwei *Judoka*, die sich gegenseitig an Ihrem Gi packen, versuchen einander auf den Boden zu werfen und unter Aufbringung aller Kraft dort festzuhalten.

Das sehen Sie. Mehr nicht. Mehr können Sie nicht *sehen*.

Bei den Menschen, die Budo nicht näher kennen, hinterlassen diese Eindrücke ein verzerrtes Bild: »*Aggressiver Sport, brutaler Sport ...*« Vielleicht wird die eine oder andere gezeigte Leistung wegen ihres offensichtlich hohen Schwierigkeitsgrades beeindrucken, aber weiter damit befassen werden sich solche Menschen nicht.

Wenn Ihnen bislang noch nicht das Glück zuteil wurde, mit Budo aktiv zusammenzutreffen, sind Ihnen die Hintergründe des Budo verborgen und es fehlen Ihnen die erbaulichen Momente und Erfahrungen:

Sie wissen nicht, welch erhebendes Erfolgsgefühl sich nach dem Zerbersten der Dachziegel einstellt. Sie kennen nicht den Glücksblitz, der sie bei einem gelungenen Schwerttreffer durchfährt, und Sie haben noch nie erlebt, was es heißt, einen Judo-Kampf zu gewinnen, mit einem Wurf, für den man seine letzten Kraftreserven aktiviert.

Wenn Sie kein Budo betreiben, haben Sie noch nie die besondere

Atmosphäre eines Dojo erfahren. Sie wissen nicht, wie sich der Stoff eines Gi auf bloßer Haut anfühlt und was es heißt, »die Matten, die die Welt bedeuten« zu betreten; dazu brauchen Sie keine beengenden Turnschuhe – Sie fühlen barfuß die *Tatami.*

Als Nicht-Budoka bleibt Ihnen die eigentümliche Faszination der Gürtelfarben verborgen und Sie wissen nicht um den Ansporn der Schüler, die nächste Gürtelfarbe zu erreichen. Sie kennen weder die körperliche Beanspruchung noch die Harmonie eines gemeinsamen Budo-Trainings, bei dem es unerheblich ist, ob Sie groß oder klein, dick oder dünn sind, und Sie haben noch nie das befreiende und stärkende Empfinden nach einer Trainingsstunde erlebt.

Ein Unwissender könnte entgegnen: »Jeder andere Sport kann Ähnliches für sich beanspruchen.« Hier wurzelt das große Manko, warum Budo in der westlichen Welt nicht den Wert besitzt wie in seinem Ursprungsland Japan.

Budo war nie als Sport gedacht und ist im Grunde kein Sport. Ihm wurden aufgrund geschichtlicher Entwicklungen einige Bestandteile entnommen und diese isoliert zum Sport gemacht. Hinzu kommt, dass das Gros der Menschen lieber spektakuläre Kämpfe sehen will, statt einem Zen-Mönch oder einem Budo-Meister Fragen zu stellen.

Welche Budo-Disziplin ausüben?

Oft werden mir zwei fundamentale Fragen gestellt: »Welche Budo-Disziplin ist die beste?« und »Welche ist die richtige für mich?«.

Das lässt sich ganz einfach beantworten. Es gibt keine *beste* Budo-Disziplin. Budo-Disziplinen lassen sich ebenso wenig vergleichen wie Musikinstrumente – was ist besser, Geige spielen oder Querflöte? Eine Disziplin ist immer nur so gut wie derjenige, der sie ausübt.

Die zweite Antwort gilt für alle Lebensbereiche – das Richtige ist immer das, womit man sich am meisten identifiziert! Für Sie allein ist wichtig, in welcher Disziplin Sie sich aufgehoben fühlen, das heißt, welche Art von Bewegungen samt deren Hintergründe Ihnen am meisten Spaß machen. Um das herauszufinden, gibt es nur einen einzigen Weg: Sie müssen sich informieren und verschiedene Methoden ausprobieren. Sie werden bei der Disziplin bleiben, mit der Sie sich am meisten identifizieren:

- *Ken-Jitsu:* Die »Kunst des Schwertes« ist die älteste und angesehenste Kampfkunst der Samurai. Ken-Jitsu hat zwei Einzeldisziplinen hervorgebracht, das Iaido und das Kendo.
Da Arashi hauptsächlich mit Ken-Jitsu verknüpft ist, geht das zweite Kapitel näher darauf ein.

- *Jiu-Jitsu:* Als »sanfte Kunst« bezeichnet, gilt sie als die Mutter der waffenlosen Samurai-Künste. Die Maxime lautet »Nachgeben, um zu siegen«: Auf eine entgegenkommende Kraft reagiert man nicht mit Gegenkraft, sondern besiegt den Gegner durch Gleichgewicht brechen und Gelenkhebel.

- *Aikido:* Bei Aikido handelt es sich um eine Weiterentwicklung des Jiu-Jitsu. Der Schwerpunkt liegt in der Umlenkung eines Angriffs in kreisförmige Bewegungen. Schlagtechniken haben wie im Jiu-Jitsu nur untergeordnete Bedeutung.

- *Judo:* Die Wurzeln des Judo liegen, wie beim Aikido, im Jiu-Jitsu. Jedoch ist das von Kano 1882 eingeführte System vollkommen konträr zu Ueshibas Aikido – während es im Aikido bewusst keinen Wettkampf gibt, lebt das Judo davon. Judo bedeutet »sanfter Weg« und ist als Wettkampfsport dem Ringen vergleichbar.

- *Kendo:* Als der »Weg des Schwertes« bezeichnet, gilt für Kendo das Gleiche wie für Judo. Kendo ist aus dem Ken-Jitsu entstanden und wird in Japans Schulen als Pflichtsport unterrichtet.

- *Iaido:* Iaido kann man mit »Der Weg der Schwertziehkunst« übersetzen. Aus dem Ken-Jitsu ist es über mehrere Entwicklungsstufen und vor allem durch den Einfluss des Zen entstanden. Während man im Kendo mit einem Fechtstock aus Bambus gegen einen realen Gegner kämpft, führt man beim Iai-Do ein echtes Schwert gegen einen imaginären Gegner.

- *Karatedo:* Der »Weg der leeren Hand« ist auf Okinawa entstanden und ist keine Samurai-Disziplin. Hier dominieren gerade die Techniken, die bei Jiu-Jitsu und Aikido zweitrangig sind: Schläge und Tritte sowie zahlreiche Abwehren sind das Merkmal dieser Disziplin.

Körperliche und mentale Stärke

Zum Alltag eines Samurai gehörte nicht nur körperliche Schulung, sondern auch die Schulung der mentalen Kräfte:

> *»Wer wird den Schwertkampf gewinnen? Der Samurai, der kräftig, wie ein Bär, aber gleichzeitig dumm ist und sich nicht selbst vertraut, oder der Samurai, der nur stark ist, wie ein Fuchs, aber dessen Schläue besitzt und an seinen Sieg glaubt?«*
>
> Yamamoto Magune

Was für den Samurai die Auseinandersetzung im Zweikampf war, bedeutet für Sie die Auseinandersetzung mit Ihrem Alltag: Langwierige und zwingende Besprechungen in der Firma, Überstunden, Gespräche mit aufgebrachten Kunden, Verantwortung gegenüber Ihren häuslichen und familiären Pflichten, gegenüber Ihren Kindern oder Ihrem Lebenspartner. Um den Zweikampf mit Ihrem Alltag bewusst und siegreich zu führen, brauchen Sie mentale und körperliche Stärke!

Was ist mentale Stärke?

Körperliche Stärke lässt sich messen und vergleichen: Wie viele Curls (Bizeps-Hantelbewegung) schaffen Sie mit welchem Gewicht? Welche Strecke laufen/schwimmen/radeln Sie in welcher Zeit? Wie hoch ist Ihr Ruhepuls, sind Ihre Körperwerte?

Mentale Stärke kann so nicht gemessen werden. Sie lässt sich lediglich durch psychologische Versuche nachweisen und durch verschiedene Verhaltensmuster definieren.

Mentale Stärke äußert sich in:

- positivem Selbstwertgefühl
- bewusstem Umgang mit Stress
- Entschlusskraft
- sozialer Kompetenz
- Eigenständigkeit im Denken und Handeln
- klarem Zieldenken

Mentale Stärke hängt unmittelbar mit den Verlierer-Eigenschaften zusammen: Wenn sich jemand keine Ziele setzt, statt dessen denkt und handelt, wie es ihm von außen diktiert wird, wenn er immer um Rat fragen muss, bevor er sich zu etwas entscheidet, ist er mental schwach.

Er ist ebenso mental schwach, wenn er kein gefestigtes, konstruktives Selbstbild hat, wenn er somit nicht an sich glaubt und deswegen in Stresssituationen versagt.

Mental stark sind Sie, wenn Sie um Ihre Persönlichkeit wissen. Wenn Sie in schwierigen Situationen einen kühlen Kopf bewahren und Entscheidungen treffen können und diese durchsetzen.

Sie besitzen ebenfalls mentale Stärke, wenn Sie den Manipulationen der Werbung und des Konsumterrors trotzen, wenn Sie die Mechanismen und die Spielregeln des Lebens durchschauen, wenn Sie Ihre eigenen Regeln aufstellen und nach ihnen handeln, aber Arashi gemäß niemanden dadurch beeinträchtigen.

Je stärker Sie mental und körperlich sind, umso besser bestehen

Sie den Zweikampf mit dem Alltag. Durch stetes Trainieren Ihrer körperlichen und mentalen Stärke werden Sie zu einem Meister der Alltagsduelle werden. Das kann so weit gehen, dass es für sie den »Alltagskampf«, so wie Sie ihn jetzt verstehen, nicht mehr gibt – Sie haben die Zen-Weisheit verinnerlicht:

»Kämpfen, ohne zu kämpfen.«

Übertragen heißt das: Sie sind in der Lage jedes Problem zu lösen. Sie haben inzwischen bestimmte negative Begriffe aus Ihrem Wortschatz gestrichen, das bedeutet, »Probleme« sind für Sie inzwischen »interessante Situationen«, »Aufgaben, die mir das Leben stellt«, »Herausforderungen, die ich dankend annehme, um an ihnen zu wachsen.«

Falls Sie bislang keinen oder nur wenig Anlass gesehen haben, Körper und Geist bewusst zu trainieren, dann kehren Sie diese Einstellung ab sofort ins Gegenteil um. Seien Sie von der Notwendigkeit körperlichen und mentalen Trainings überzeugt!

Untersuchungen haben ergeben, dass bundesweit über 60 Prozent aller körperlichen Beschwerden geistig-seelische Ursachen haben!

Diese sind zusammengefasst:
- beruflicher und familiärer Stress
- mangelnde Kontaktfähigkeit
- mangelndes Selbstbewusstsein
- Desorientierung im Leben

Die körperlichen Beschwerden äußern sich unter anderem in Bluthochdruck, Verdauungsbeschwerden, Schlafstörungen, Erwachsenendiabetes, Herz-Kreislauf-Krankheiten, Arthrose, massiven Rückenleiden, vegetativer Dystonie.

Laut der letzten Studie (Ende 1999) des Robert-Koch-Instituts gelten 70 Prozent der Männer und 50 Prozent der Frauen in Deutschland als

leicht übergewichtig. Jeder fünfte erwachsene Deutsche ist *stark* übergewichtig. Diese Volkskrankheit breitet sich inzwischen auch bei den Kindern und Jugendlichen aus: Ein starkes Drittel ist übergewichtig. Für die Volkskrankheit Übergewicht gibt es zwei Gründe:
1. falsche Ernährung – zu viel Fett und Kohlehydrate.
2. Bewegungsmangel – 40 Prozent der Männer und 50 Prozent der Frauen treiben überhaupt keinen Sport!

Lebenskraft, die Arashi meint, verbindet mentale Stärke mit körperlicher. Lebenskraft besitzen heißt stark sein im universellen Sinn – alle Formen der Kraft in sich vereinen, wobei die mentalen Kräfte weitreichender und tiefgreifender sind. Wer Lebenskraft in sich trägt, spürt das Wirken in ihr und lässt sie nach außen strahlen, er hat Charisma.

Durch Budo zu körperlicher und mentaler Stärke

Wenn Sie sich gewissenhaft mit Budo auseinandersetzen und regelmäßig und bewusst trainieren, wird Ihre körperliche und mentale Stärke unweigerlich zunehmen. Das bedeutet konkret:

• *Budo-Training erhöht die Beweglichkeit:*
Durch regelmäßiges Training werden Ihre Muskeln gedehnt und Ihre Gelenke beweglich gehalten. Ihr Körper im Ganzen und Ihre körperliche Flexibilität im Speziellen werden davon im Alltag profitieren. Verspannungen lösen sich, und bei plötzlichen ruckartigen Bewegungen laufen Sie nicht mehr Gefahr sich zu verziehen.

• *Budo-Training erhöht das Körpergefühl*
   und das Koordinationsvermögen:
Durch die regelmäßige und systematische Arbeit mit Ihrem Körper bekommen Sie ein neues Körperbewusstsein. Sie stehen, gehen und sitzen anders. Die Übungen im Budo sind durch Ihre Struktur so

angelegt, dass sie sowohl die emotionale als auch die rationale Ebene Ihres Gehirns schulen. Sie werden sich der Körper-Geist-Verbindung bewusster. Sämtliche motorischen Eigenschaften werden verbessert. Ihr Gleichgewichtsgefühl stärkt sich und Sie lernen Ihre Atmung zu beherrschen.

• *Budo-Training erhöht die Reaktionsfähigkeit*
  und die Wahrnehmung:
Ihre Reaktionsfähigkeit wird geschult – eine wichtige Eigenschaft im Straßenverkehr und im Alltag: Sie versuchen herunterfallende Dinge zu fangen und sehen Ihnen nicht bestürzt nach. Sie nehmen herannahende Fahrzuge schneller und deutlicher war. Ihre Beobachtungsgabe und Ihre Wahrnehmungsfähigkeit verbessern sich: Durch die stete Auseinandersetzung mit den Techniken und den Trainingspartnern werden Sie aufmerksamer. Sie lernen zuzuhören, Vorgaben zu übernehmen und selbst anzuwenden.

• *Budo-Training stärkt die Muskulatur:*
Durch das ausgewogene und vielseitige Training wird Ihr Körper umfassend beansprucht. Ihre Muskulatur wird gestärkt und damit auch Ihre allgemeine Fitness und Ihr Wohlbefinden erhöht. Ihr verbesserter Muskeltonus ermöglicht es Ihnen, auf tätliche Angriffe richtig zu reagieren: Sie setzen die erlernten Techniken als eingespielte Bewegungsmuster der Situation gemäß ein.

• *Budo-Training stärkt das Selbstbewusstsein:*
Sie reagieren bedächtiger in Konfliktsituationen, wie Familienstreit, Aggressivität im Straßenverkehr oder körperliche Bedrohung.
Ebenfalls wurden Verbesserungen des Selbstwertgefühls im sozialen Umfeld bestätigt, wobei als gravierendster Vorteil das sicherere Auftreten bei Bewerbungsgesprächen angegeben wurde.

- *Budo-Training ist Selbstverteidigung lernen*:
In Budo-Disziplinen werden Ihnen nicht nur Techniken gelehrt, die sie in verschiedenen Notwehr-Situationen anwenden können. Sie lernen ebenfalls kritische Situationen einzuschätzen, den jeweiligen Grad der Bedrohung zu taxieren und Ihre Reaktion dahingehend auszurichten.

- *Budo-Training ist Körpersprache schulen:*
Durch Budo-Training lernen Sie Ihre Körpersprache bewusst einzusetzen. Allein das Üben und Ausführen von *Kata* (eine Art Kür) ist eine eigene körpersprachliche Welt, die ihresgleichen sucht.

Durch bewusst sicheres Auftreten können Sie unangenehmen Situationen schon im Vorfeld entgegenwirken und damit Tätlichkeiten vermeiden. Ihr Gang, Ihr Blick, Ihre Bewegungen senden positive wie negative Signale aus. Die nonverbale Kommunikation basiert darauf. So wie Sie mit griesgrämigem Gesicht zeigen, dass Sie schlecht gelaunt sind, können Sie mit entsprechender Körperhaltung, Mimik und Gestik ausdrücken, dass Sie nicht das geeignete Opfer für einen Überfall sind. Die Verbesserung der Körpersprache betrifft nicht nur Notwehrsituationen, sondern alle sozialen Bereiche.

- *Budo-Training ist Fairness lernen und Freundschaft üben:*
Im Training ist Ihr Gegner Ihr Partner, der Ihnen hilft, die Techniken richtig zu üben. »Fair Play« ist notwendig, um ein gemeinsames Training in guter, entspannter Atmosphäre zu ermöglichen.

Sie kommen in die Situation des Gebens und Nehmens. Durch beides erlangen Sie einen Gewinn: Wenn Sie als Fortgeschrittener Ihr Wissen weitergeben, erhalten Sie Dank, und obendrein festigen sich die Lerninhalte bei Ihnen. Wenn Sie sich als Partner zur Verfügung stellen, erhalten Sie ebenfalls Dank und profitieren als Erfahrender.

- *Budo-Training heißt Zusammenhänge erkennen:*
Je länger Sie Budo betreiben, umso intensiver werden Sie sich damit beschäftigen. Sie werden Lehrgänge besuchen, sich Filme ansehen

und Ihre Bibliothek wird sich vergrößern. Sie werden sich Weisheiten merken und selbst zitieren.

Budo als Lebenseinstellung ist eine Oase inmitten einer gesellschaftlichen Wüste, die von Schnelllebigkeit und Oberflächlichkeit dominiert wird.

Durch Budo werden Sie neue Inspirationen bekommen, durch die Ausführungen des Referenten auf einem Lehrgang, durch neue Kontakte, die Sie auf der Matte knüpfen, durch Gespräche nach dem Training, durch das Studium einschlägiger Literatur.

All das macht Budo-Training zu einem Motivationstraining der besonderen Art. Mit jedem geglückten Wurf, mit jedem Fauststoß, allein schon mit dem Betreten eines Dojo, dem Anziehen der besonderen Trainingskleidung setzen Sie Anker auf Anker.

Wenn Sie bewusst Budo praktizieren, werden Sie früher oder später auf die Schöpfer des Budo stoßen, die Samurai.

In den nächsten Kapiteln erfahren Sie Wesentliches über die Taktik ihrer Kämpfe und die Hintergründe ihres Denkens und Handelns. Setzen Sie dieses Wissen für Ihre Veränderungen um.

Lebensveränderungen sind, je krasser und innovativer sie ausfallen, immer eine Art Kämpfe. Nutzen Sie den Mut und die List der Samurai, um diese Kämpfe für sich zu entscheiden!

Samurai – die Meister der Identifikation

Was das Zauberwort *Identifikation* betrifft, ist Budo und alles, was damit zusammenhängt, von einer besonderen Spezies Mensch geschaffen worden, die ich als »personifizierte Identifikation« bezeichne: die Samurai.

Wenn Sie den Arashi-Weg einschlagen, brauchen Sie eine starke Identifikation mit Ihren Zielen, um gegen Widerstände anzugehen. In den Samurai finden Sie Menschen, die Ihnen vorleben, was Identifikation bedeutet.

Lesen Sie dazu das Credo der Samurai aus dem 14. Jahrhundert:

»Ich habe keine Eltern:
Ich mache Himmel und Erde zu meinen Eltern.
Ich habe kein Heim:
Ich mache Wachsamkeit zu meinem Heim.
Ich habe kein Leben und keinen Tod:
Ich mache das Auf und Ab des Atems zu meinem Leben und Tod.
Ich habe keine göttliche Kraft:
Ich mache Aufrichtigkeit zu meiner göttlichen Kraft.
Ich bin ohne Unterhalt:
Ich mache Verständnis zu meinem Unterhalt.
Ich habe keine magischen Geheimnisse:
Ich mache meinen Charakter zu meinem magischen Geheimnis.
Ich bin ohne Körper:
Ich mache Ausdauer zu meinem Körper.
Ich bin ohne Augen:
Ich mache den Blitz zu meinen Augen.
Ich bin ohne Ohren:
Ich mache Feinfühligkeit zu meinen Ohren.
Ich bin ohne Glieder:
Ich mache Pünktlichkeit zu meinen Gliedern.
Ich habe keine Strategie:
Ich mache ›unbeschattet von Gedanken‹ zu meiner Strategie.
Ich habe keinen Plan:
Ich mache ›die Gelegenheit beim Schopf ergreifen‹ zu meinem Plan.
Ich habe keine Wunder:
Ich mache ›das Richtige tun‹ zu meinen Wundern.
Ich habe keine Prinzipien:

Ich mache ›sich an alle Umstände anpassen‹ zu meinen Prinzipien.
Ich habe keine Taktik:
Ich mache Leere und Fülle zu meiner Taktik.
Ich habe keine Talente:
Ich mache humorvolle Heiterkeit zu meinem Talent.
Ich habe keine Freunde:
Ich mache meinen Geist zu meinem Freund.
Ich habe keine Feinde:
Ich mache Achtlosigkeit zu meinem Feind.
Ich habe keine Waffen:
Ich mache Wohlwollen und Aufrichtigkeit zu meinen Waffen.
Ich habe keine Burg:
Ich mache ›standhafter Geist‹ zu meiner Burg.
Ich habe kein Schwert:
Ich mache Selbstlosigkeit zu meinem Schwert.«[5]

Die Samurai waren die Kriegerkaste im feudalen Japan, die berechtigt waren, das *Daisho* (Schwerterpaar) zu tragen. Sie standen im Dienste des *Shogun* und waren einem *Daimyo* untergeordnet.

Obwohl es zu allen Epochen in allen Ländern der Erde Krieger gab, fehlt der Kriegerkaste der Samurai ein entsprechendes Pendant auf der restlichen Welt – ihre Erscheinung, geprägt durch Ihren Kodex, dem »Bushido« ist einzigartig. Allein die hohen Ansprüche, die sie selbst an sich stellten, heben Sie von den Kriegern anderer Völker ab.

* Lesen Sie das Credo noch einmal aufmerksam, was fällt Ihnen auf?
* Wie weit können Sie diese Einstellung übernehmen?

Leitgedanken, wie die zuvor zitierten, bildeten den Lebensinhalt der Samurai. Ihr Alltag wurde ständig durch ein großes Regelwerk und allgegenwärtige Vergleiche mit der Natur bestimmt. In diesem Zusammenhang sind auch die fünf Kampfeigenschaften wichtig, die einen Samurai ausmachen:

1. ruhig wie der Wald
2. unbeweglich wie der Berg
3. kalt wie der Nebel
4. im Entschluss schnell wie der Wind
5. im Angriff wie das Feuer

Damit Sie sich in die besondere Welt der Samurai einfühlen können und zu Ihrer Inspiration rate ich Ihnen:

* Lesen Sie entsprechende belletristische Literatur und Fachbücher.
* Versuchen Sie zu ergründen, was in den Samurai vor sich ging. Suchen und finden Sie Ihren inneren, verborgenen Samurai.
* Sehen Sie sich Filmklassiker an wie »Sanjuro« oder »Die sieben Samurai«. Japans Kultregisseur Akira Kurosawa präsentiert in ausdrucksstarken Bildern, was die Persönlichkeit der Samurai ausmachte. Lassen Sie sich von diesen Filmen ebenso fesseln wie von »Amadeus«.
* Besorgen Sie sich eine Illustration eines Samurai. Hängen Sie sie schön gerahmt an einen Platz, wo täglich Ihr Blick darauf fällt.
* Lassen Sie sich durch diese Illustration, durch markante Passagen der Romane und Szenen der Film-Klassiker weiter inspirieren.
* Finden Sie ein Zitat, das Sie zu Ihrem persönlichen Leitspruch erheben.

Samurai und Ronin

Noch einmal San-in: Zeichnen Sie den San-in-Kreis und betiteln Sie die Segmente mit Kind – Krieger – Weiser. Schließen Sie jetzt die Augen und stellen Sie sich jedes Element einzeln vor, malen Sie im Geiste ein deutliches Bild: Lassen Sie Bewegung entstehen, sehen Sie, hören Sie, fühlen Sie! Lesen Sie erst weiter, wenn Sie die Aufgabe beendet haben.

* Was sahen und hörten Sie bei »Kind«? Eine sommersprossige Göre, die mit einem Teddy im Arm laut lachend in Pfützen springt? Einen

rotgeschopften Lausbub in kurzen Hosen und einem Laubfrosch in der Tasche? Einen braven Unschuldsengel mit Malbuch in der Hand, ein Lied summend?

＊ Wie sieht Ihr »Weiser« aus? Eine alte Greisin mit Silberhaar, die im Schaukelstuhl auf der Veranda sitzt und bei Sonnenuntergang von Ihren Erfahrungen erzählt? Ein kahlgeschorener Zen-Meister, der im Lotossitz seinen Schülern Fragen mit Gegenfragen beantwortet? Oder ein alter Mann mit weißen Haaren und langem Bart, der in den Bergen Kräuter sammelt und auf alle Fragen eine Antwort weiß?

＊ Das Bild des Kriegers: Haben Sie sich einen Indianer vorgestellt, der in Kriegsbemalung das Tomahawk schwingend ohne Sattel auf einem Wildpferd galoppiert? Einen Massai, der sich bei tropischer Hitze durch die Savanne schleicht, mit Lederschild und Speer im Arm? Eine Amazone in Fell und Lederrock, die sich mit Fäusten wehrt und gezielte Tritte austeilt? Einen vollbärtigen Wikinger, der mit seinen Gefährten ein feindliches Schiff kapert?

Mein Bild des Kriegers ist das des Samurai. Bereits in meiner Kindheit faszinierte mich dieses Kriegergeschlecht, seine Tracht, seine Schwerter, sein Aussehen. Später, als mein Wissen und meine psychologischen Kenntnisse zunahmen, erkannte ich zudem seine außergewöhnliche Körpersprache. Schließlich entdeckte ich die Besonderheiten seines Denkens und Handelns – und die Zusammenhänge mit Zen.

Bis heute, wo ich auch die Schattenseiten dieser Kriegerkaste kenne, sehe ich beim Bild des Kriegers ausschließlich den vom Zen-Buddhismus beeinflussten Ronin: Ich sehe, wie er in traditionelle japanische Gewänder gekleidet, sein Schwert neben sich liegend, am Abgrund steiler Klippen meditiert. Ich sehe, wie er bei Sturm furchtlos durch finstre Wälder wandert, ungerührt vom Wolfsgeheul und krachenden Ästen. Ich sehe ihn, wie er bei einem todesträchtigen Duell der maximalen Grenzsituation – alle Kräfte, die sein Credo ausdrückt, in sich vereint, wie er Raum und Zeit zusammenschmelzen lässt und mit unerschütterlichem Gleichmut sich dieser höchstmöglichen Bedrohung stellt.

Diese Bilder können nur mit Samurai zusammenhängen, weil keines der anderen genannten Kriegervölker diese Handlungen vornahm – es ist nicht bekannt, dass römische Legionäre oder Wikinger meditierten, auch duellierten sie sich nicht auf diese Art, sondern schlugen mit wildem Gebrüll aufeinander ein.

Den Ronin habe ich gewählt, weil er den herrenlosen Samurai darstellt. Er steht in niemandes Diensten, ist somit frei und unabhängig. Er geht dorthin, wohin es ihn treibt, und er bleibt, wenn er gebraucht wird. Wo er sein Schwert niederlegt, ist sein Zuhause. Er trägt ein hölzernes Schwert, übt sich im Zen und birgt Arashi in sich.

Drei Eckpfeiler

Damit Sie die Eigenschaften der Samurai, die für Ihren Arashi-Weg wichtig sind, nachempfinden und umsetzen können, gehe ich kurz auf deren Hintergrund ein:

Die Denk- und Handlungsweise der Samurai war geprägt durch ihren komplexen Kodex, den *Bushido.* Dieser stützte sich auf den Shintoismus, den Konfuzianismus und den Zen-Buddhismus.

Während der Shintoismus, die Urreligion Japans, die Liebe des Samurai zu seinem Land und die Treue zu seinem Herrscher bedingte, beeinflusste der Konfuzianismus dessen Moral.

Im Zen-Buddhismus schließlich gründet sich die Unerschütterlichkeit der Samurai angesichts des Todes, dessen Konfrontation ihr tägliches Brot bedeutete. Allein Zen schaffte den Samurai das Bewusstsein für die Vergänglichkeit aller Dinge und bewirkte ihren eisernen Gleichmut gegenüber Ihrem (tödlichen) Schicksal, das sie als unabänderlich anerkannten. In diesem Bewusstsein, das ihnen schon von klein auf anerzogen wurde, verlor der Tod als größtmögliche Bedrohung seine Bedeutung.

Nur mit dieser Einstellung zu Leben und Tod konnte ein Samurai bestehen. Er musste sich täglich darin üben. So sprach er mehrmals täglich sein Credo, das er auswendig gelernt hatte, und wiederholte dutzendfach die fünf Kampfeigenschaften. Das Wiederholen genügte bei weitem nicht, er musste das Gesagte leben! Er musste es mit seiner Mimik, seiner Gestik, seiner Sprache, in allen seinen Handlungen ausdrücken:

> »*Ob ein Samurai seinen Hakama faltet, einen Pinsel führt oder die Lehren des Meisters Kung studiert, er wird alle seine Handlungen mit größter Bedachtsamkeit ausführen und stets gewahr bleiben, dass ein feindlich Gesinnter ihm nicht ein Tanto in den Rücken stößt.*«
>
> Yamamoto Magune

Das ist der Grund für das starke Bewusstsein der Samurai in allen Dingen, und angesichts der täglichen Konfrontation mit dem möglichen Tod, ist das Streben nach diesem allgegenwärtigen Bewusstsein gerechtfertigt.

Ihre tägliche Konfrontation heißt Alltag, und hier sehen Sie die Parallelen: So wie der Samurai täglich seine Texte aufsagte und sein Bewusstsein prüfte, müssen Sie Ihre Autosuggestionen wiederholen und Ihre Einstellung immer wieder festigen durch Ihr Denken und Ihr Handeln.

Dazu sind drei markante Eckpfeiler des Zen, die sich der Samurai zu eigen machte, für Sie relevant. Es sind

* Zanshin
* Hishiryo
* Chu

Nehmen Sie diese drei Bewusstseinsstufen in sich auf und üben Sie sich täglich darin. Wie Sie dabei vorgehen, erfahren Sie im Folgenden.

Zanshin

Das vollkommene Einssein mit der Tat und dem Augenblick wird als *Zanshin* bezeichnet. Jede Handlung hat mit ganzem Bewusstsein zu erfolgen. Jede Faser des Körpers, jeder Atemzug, jeder Blick muss von geistiger Klarheit durchströmt werden. Die vollkommene Umsetzung von »Hier und Jetzt«. Handlung und Handelnder verschmelzen zu einem Ganzen, unabhängig von dem, was man ausführt:

> »*Zen und die Kunst des Wandelnden Schreitens. Der Wanderer wird zum Weg und umgekehrt. Gleich dem Bogenschützen, dem Kyudoka, wo Zielscheibe, Schütze und Bogen ebenfalls zu einem Ganzen verschmelzen.*«[6]

Dieses Einssein mit der Tat und dem Augenblick bedeutet nichts anderes als absolute Identifikation.

Dadurch dass Zanshin allgegenwärtig ist, betrifft es nicht nur extreme Handlungen etwa einen alles entscheidenden Schwerthieb, sondern ebenfalls das Ergreifen des Schwertes, das Ziehen und Zurückstecken. Das Ziel ist Zanshin in allen Handlungen wirken zu lassen vom Aufstehen bis zum Schlafen gehen.

❊ Für Sie bedeutet das: Lesen Sie nicht beim Essen und hören Sie keine Musik beim Lesen. Wenn Sie sich mit jemandem unterhalten, widmen Sie ihm Ihre ganze Aufmerksamkeit.

Widmen Sie sich nie mehreren Dingen gleichzeitig, sondern nacheinander. Konzentrieren Sie sich voll und ganz auf das, was Sie gerade machen – das wird die Qualität Ihrer Handlungen und deren Ergebnisse verbessern. Für bestimmte Situationen ist dies selbstverständlich – ich habe noch nie einen Klavierspieler gesehen, der während eines Konzerts ein Butterbrot am Flügel isst. Es geht um die alltäglichen Dinge, wie Arbeiten im Büro oder im Haus, die Ihnen längst zur Routine geworden sind und gerade deswegen die Gefahr der Oberflächlichkeit in sich bergen.

Hishiryo

»Denken ohne zu denken,
handeln ohne zu handeln.«

Dieses typische Zen-Paradoxon ist nur für einen oberflächlichen Geist widersinnig. Es drückt aus, dass eine Handlung nicht von Gedanken oder Beurteilungen beeinträchtigt sein darf. Wenn ein Schwertkämpfer die Duellsituation bewertet, gleich ob für ihn positiv oder negativ, ist sein Handeln beeinträchtigt: Bewertet er die Situation unter, so kann er leichtsinnig werden und muss diesen Leichtsinn mit dem Tode bezahlen. Bewertet er sie über, schwächt er sich und wird ebenfalls getötet. Darum muss er eine kosmische Leere in sich schaffen, die keinen Gedanken und keine Bewertungen enthält. Nur so ist die Handlung von vollkommener Reinheit.

Schwächen Sie Ihre Handlungen nicht mit »falschen« Gedanken, sondern lernen Sie Intuition zu entwickeln und in der Situation und aus ihr heraus zu handeln.

Chu

»Chu« heißt Mitte. »Chu halten« heißt die Mitte wahren. Wer seine Mitte verliert, verliert den Augenblick. Wer den Augenblick verliert, hat weder Zanshin noch Hishiryo: Wer seine geistige und körperliche Mitte verliert durch Angst, Übermut oder Zorn, wird von der Situation beherrscht und diese wiederum lenkt die Gefühle, verwirrt den Geist; er ist nicht mehr wie die unbewegte Oberfläche eines Sees, in dem sich der Vollmond spiegelt, sondern ein aufgewirbelter Tümpel, in dem zankende Enten flügelschlagend hin und her jagen.

Im Budo gibt es zahlreiche Übungen für die Wahrung der Mitte, es sind Atem- und Balanceübungen, die man allein oder mit einem Partner ausführt. Diese werden Ihnen im Training beigebracht.

Unterstützende Methoden

Sie können die umfassende Wirkung von Budo durch unterstützende Methoden noch erhöhen. Das sind sowohl östliche Methoden, wie Tai Chi und Yoga, als auch westliche, wie Feldenkrais-Methode, Autogenes Training (AT) und Neuro-Linguistisches Programmieren (NLP).

Im Folgenden stelle ich Ihnen fünf bekannte und bewährte Methoden kurz vor:

- *Tai Chi Chuan* (Chin., wörtlich: »die Faust des Höchsten Letzten«; sinngemäß: »höchste Erkenntnis«) dient der umfassenden Gesundheit im ganzheitlichen Sinn. Bewusst langsam ausgeführte, fließende Bewegungen, kombiniert mit tiefer Atmung machen das »Schattenboxen«, wie es auch genannt wird, zu einem meditativen Bewegungssystem. Äußere wie innere Entspannung werden durch die Übungen erzielt und dabei innere Ruhe und seelisches Gleichgewicht erreicht.

- *Yoga* (Sanskrit: »Anjochung, Anspannung«) Yoga ist ein aus der altindischen Philosophie entstandenes Erlösungssystem auf der Grundlage von Meditation und Askese. Durch bestimmte – im Gegensatz zu Tai Chi – meist statische Körperübungen, verbunden mit Konzentrations- und Atemübungen, soll eine vollkommene Herrschaft über Geist und Körper erlangt werden, besonders über Organe, die normalerweise dem Willen entzogen sind. Das höchste Ziel im Yoga ist die Unabhängigkeit von Affekten und Wünschen.

- *Feldenkrais-Methode*: Der Physiker und Judo-Lehrer Feldenkrais erkannte an seiner eigenen Verletzung, dass seine Beschwerden von falschen Bewegungsabläufen herrührten und dass diese verschwanden, als er neue Bewegungsalternativen schuf. Die von ihm entwickelten flexiblen Bewegungsmuster basieren auf ökonomischem Krafteinsatz und harmonischem Koordinieren von Muskelgruppen und Gelenken.

- *Das Autogene Training*, abgekürzt »AT«, wurde 1920 von Dr. J. H. Schultz aus Ergebnissen der Hypnose entwickelt und enthält keine aktiven Körperübungen. Schultz bezeichnete das Autogene Training als »konzentrative Selbstentspannung«. AT wird entweder im Liegen oder im Sitzen geübt. Das Ziel ist durch inneres Sprechen formelhafter Vorsätze, die sonst nicht willkürlich beeinflussbaren körperlichen und seelischen Funktionen zu beherrschen und damit vegetative Störungen zu beheben.

- *NLP*: Die Abkürzung NLP ist gebräuchlicher als der eigentliche Begriff selbst: »Neuro-Linguistisches Programmieren«. NLP ist das Ergebnis der beiden US-Forscher Grinder und Bandler, denen es Mitte der 70er Jahre gelang, therapeutische Effekte auf erlernbare Formeln zu bringen. Sie erkannten die Zusammenhänge zwischen körperlichen Zuständen, der Sprache und den Denkprozessen. Daraus entwickelten sie das NLP, ein Instrumentarium zur gezielten Verhaltensänderung.

Seit den 80ern hat NLP die reine therapeutische Anwendung verlassen. Es wird neben der psychologischen Beratung vor allem in Verkaufs- und Persönlichkeitsschulungen und in Motivations-Seminaren angewandt.

NLP und AT basieren auf Untersuchungen westlicher Wissenschaftler und enthalten im Gegensatz zu den östlichen Systemen keinen spirituellen Bezug.

Sie, Arashi und Samurai

Sie wissen bereits: Die Samurai waren feinfühlige Strategen der Kriegskunst. Dem Tode unerschrocken ins Auge zu blicken hieß Ihre größte Anforderung. Um dieser Anforderung bestmöglich zu genügen, reichten Körperkraft und bloße technische Fertigkeiten nicht aus; sie wandten Mittel an, die sie mental stärkten. Tun Sie es Ihnen gleich! Wenn Sie sich entschlossen haben, den Alltagstrott in ein inspiriertes Leben umzuwandeln, dann wird dieser Entschluss Sie nicht mit dem Tode konfrontieren, aber er wird Sie womöglich aus Ihrer Mitte reißen. Sie werden kämpfen müssen, vielleicht mehr mit sich als mit Dritten. Eignen Sie sich deshalb Mittel an, die Sie stark machen für diese Veränderungen.

Wenn Sie schwach sind und bleiben, werden Sie nichts verändern.

Windstille ändert nichts, weil sie zu schwach ist, um etwas zu ändern. Starker Wind bringt Bewegung. Starker Wind vertreibt graue Wolken, die den Himmel verfinstern. Starker Wind bläst den Smog aus der Großstadt.

Laotse (571 v. Chr.) schreibt:

»Wenn der Mensch geboren wird, ist er zart
und schwach. Im Tode ist er hart und steif.
Wenn die Dinge und Pflanzen lebendig sind,
sind sie weich und geschmeidig,
wenn sie tot sind, sind sie spröde und trocken.
Darum sind Härte und Steifheit die Gefährten des Todes,
und Weichheit und Zartheit die Gefährten des Lebens ...

> *Es gibt nichts weicheres als Wasser,*
> *aber nichts ist ihm in der Überwindung des Harten überlegen.*
> *Es gibt keinen Ersatz dafür, dass Schwäche Stärke überwindet*
> *und Sanftheit Starre überwindet.«* [7]

Für Sie und Arashi heißt das: Das Flexible besiegt das Starre. Veränderung setzt Flexibilität voraus. Sie sind starr, wenn Sie sich nicht auf Veränderungen einstellen können, wenn Sie durch diese Ihre Mitte verlieren.

Sie sind flexibel (weich), wenn Sie Neuerungen annehmen und umsetzen. Sie müssen flexibel sein. Arashi ist gleichzusetzen mit Flexibilität. Seien auch Sie weich, aber trotzdem stark – das ist die Kunst. Sie erlangen Ihre Stärke durch Ihre Flexibilität.

»Das Weiche besiegt das Harte«, lautet die Quintessenz der letzten beiden Zitate. Zur Veranschaulichung wird oft das Beispiel vom fließenden Wasser erwähnt, das kantige Flusskiesel zu runden glatten Steinen formt.

Natürlich darf man dabei nicht die Grundvoraussetzung übersehen, die rein physikalischer Natur ist. Nur das stete Fließen bewirkt den Abrieb, den mechanischen Vorgang des Schleifens – wenn Sie schon einmal einen alten Schrank abgeschliffen haben, dann wissen Sie, dass ein paar wenige Striche mit dem Schleifpapier nicht ausreichen, um eine glatte Oberfläche zu bekommen. Das Weiche besiegt das Harte also nicht ohne Hintergründe. Ohne diese Hintergründe kann auch Arashi nicht glücken; es sind:

- Stärke
- Entschlossenheit
- Zielbewusstsein
- Beständigkeit

Mit jedem Teil-Erfolg wachsen Ihre Entschlossenheit und Ihre Beständigkeit Ihrem Ziel entgegenzustreben. Das Ziel ist Ihr Ort, nach dem Sie sich als Ronin auf den Weg machen. Nur dieser Ort interessiert Sie, andere Orte sind jetzt nicht von Belang. Sie gehen Ihren

Weg. Sie überwinden kleine Hindernisse. Sie nehmen Umwege in Kauf, wenn Sie dienlich sind. Sie gehen jeden Tag eine bestimmte Strecke und ruhen sich ebenso aus – Sie sind fest gegründet in Beständigkeit.

Wenn Sie die vier Attribute *Stärke, Entschlossenheit, Zielklarheit* und *Beständigkeit* zu Ihren ureigenen Eigenschaften erheben, können Sie gar nicht anders, als zu Ihrem Ziel zu gelangen. Irgendwann müssen Sie ankommen. Jeder Wanderer kommt irgendwann an. Es kommt nur darauf an,

- wie weit weg der Ort ist
- wie beschwerlich der Weg ist
- wie viele Umwege Sie gehen müssen
- wie viele Pausen Sie benötigen

Letztlich ist der Weg Ihr Ort. Er ist Ihr »Hier und Jetzt«, die Gegenwart, die Königszeit. Wenn Sie gerade im Moment im Zimmer Ihrer Pension in den Bergen oder an der See sitzen und in diesem Buch lesen, dann ist das Ihr momentanes Ziel; Ihr Ziel ist nicht die letzte Seite des Buches, sondern jedes einzelne Wort, das Sie jetzt gerade lesen! Halten Sie sich das immer wieder vor Augen. Das Ziel des Wanderes ist der Weg, das heißt, es ist die Art, wie er den Weg geht und erlebt:

> *»Die Schnürsenkel festgezurrt und doppelt geknotet, hielten seine Haferlschuhe fest an den Füßen und sicherten das Schreiten auf dem kiesigen Feldweg. Unter den weiten Schritten knirschte der Splitt zwischen dem losen Gestein, und der Stenz bohrte sich sekundenschnell ins Erdreich – zweimal pro Schritt, so will's der Brauch – hinterließ einen runden Abdruck und zeugte von Wandermut. Eidechsen am Wegesrand spürten Gefahr, flüchteten rasch unter Grashalme, suchten Schutz. Grillen zirpten. Schmetterlinge schlugen Purzelbäume, zitterten hakenschlagend, wie besoffen durch die Luft. Es war früh am Morgen. Der Tau, der sich über Nacht auf die Wiesen gebettet hatte, spendete Kühle, verlieh dem saftigen Grün einen seidenen Schimmer. Ab und an glitzerten vereinzelt Tautropfen im*

Sonnenlicht - diamantengleich verzauberten sie das weite Wiesen-
land. Die Sonnenkraft entfaltete sich, begann ihn mit ihrer strö-
menden Wärme zu durchfluten. Er verschwand im Waldesinnern,
schritt fort unter dem kühlenden Dach des Mischwaldes. Schräg fie-
len die Sonnenstrahlen durch die Bäume, und dort wo sie unge-
brochen ins feuchte Dickicht drangen, stieg Wasserdampf empor.
Er blieb stehen. Der Duft des Waldes nahm ihn gefangen, hieß ihn
zu verweilen, tief durchzuatmen. Am liebsten hätte er den ganzen
Wald in sich eingesaugt. ›Gibt es etwas schöneres und faszinieren-
deres als die Natur?‹ Magune sagt im vierten Herz:
›So wie wir die Natur sehen, ist sie immer ein Spiegelbild unserer
Seele. Ein Mensch, dessen Seele nicht rein ist, wird nie die Schön-
heit der Natur in ihrem ganzen Umfange erkennen.‹«[8]

Die Erkenntnis »Der Weg ist das Ziel« ist für Sie und Arashi fundamental. Ohne diese Erkenntnis werden Sie Ihr (Alltags-)Leben nie voll-
ends ausschöpfen. »Der Weg ist das Ziel« und »Hier und Jetzt« hängen
untrennbar zusammen. Das entfernte Ziel ist wichtig, um Ihre Richtung zu bestimmen – es ist Zukunft. Doch der Weg zu diesem Ziel ist
wichtiger, denn er ist Gegenwart, Ihr Alltag. Sie können nur in der
Gegenwart leben, das hat Ihnen San-in verdeutlicht.

Machen Sie es sich zum Ziel, Ihren Alltag optimal zu meistern. Versuchen Sie in allen entscheidenden Momenten

* Ihre Mitte zu wahren (Chu)
* mit der Situation eins zu sein (Zanshin)
* Intuition wirken zu lassen (Hishiryo)

Können Sie das Denken und Handeln der Samurai nachempfinden?

Ihr Ziel muss es sein, es nicht nur nachzuempfinden, sondern nach-
zuvollziehen. Mit diesem Nachvollziehen festigen Sie endgültig Ihren
Arashi-Weg zum Sieger im Alltag.

Dazu bekommen Sie jetzt das hölzerne Schwert der Ronin in die
Hand.

Bokken – Das hölzerne Schwert der Ronin

Der Bruder des Katana

»Dem Bokuto steht keine stählerne Klinge zu Gebote,
die in der Sonne blitzt, und desgleichen weist es
keine kunstvolle Seidenverschnürung auf,
die beim Betrachter Eindruck erweckt.
Doch schändlich fehlt der, der ihm deswegen
weniger Beachtung als dem Katana schenkt.«

Yamamoto Magune

Das Bokken (zusammengesetzt aus »Boku«, Holz, und »Ken«, Schwert) hat eine lange, traditionsreiche Entwicklung hinter sich. Es dauerte Jahrhunderte, bis dieses Schwert in der Form gebraucht wurde, wie es auch heute noch benutzt wird.

Das Bokken ist dem scharfen Samurai-Schwert (*Shinken* bzw. *Katana*) mit seiner charakteristischen Klinge nachempfunden und birgt ihm gegenüber einige Vorteile: Es besteht aus einem Stück Hartholz und ist daher äußerst robust. Da ohne geschmiedete Klinge, ist seine Handhabung nicht so gefährlich wie die des Katana. Eine Scheide benötigt es nicht, dementsprechend entfällt die Kunstfertigkeit des Ziehens daraus.

Für das *vollständige* Verständnis von Arashi genügt theoretisches Wissen über das Bokken allein nicht. Der praktische Umgang mit ihm gehört dazu! Sie brauchen nicht zum Laido- oder Kendo-Meister zu avancieren, aber Sie wären beileibe nicht der Erste, der dabei Begeisterung entwickelt, und das möchte ich bei Ihnen erreichen!

Bokken können Sie im Budo-Handel erwerben. Adressen von entsprechenden Händlern, Kendo- und Laido-Schulen finden Sie in Branchenbüchern, einschlägigen Magazinen und über das Internet.

»Das Holz siegt(e) über das Eisen«

Dieser Spruch dokumentiert das gewonnene Duell eines Samurai mit Bokken gegen einen Samurai mit Katana. Meist waren es Ronin, die diese Duelle gewannen. Da sie als wandernde Samurai nicht in festem Lohn standen, besaßen Sie oft kein Geld, um sich hochwertige Katana schmieden zu lassen. So ließen sie sich Bokken zu wesentlich günstigerem Preis anfertigen.

Das Besondere an diesem Spruch ist, dass nicht der Besitz eines messerscharfen Schwertes und die alleinige Kunstfertigkeit damit umzugehen entscheidend über Tod oder Leben waren. Entscheidend war vor allem das Innehaben von *Zanshin*, *Hishiryo* und *Chu*.

Fünf Ringe

Die wohl bekannteste Anleitung für den Schwertkampf ist *Fünf Ringe* des Samurai Myamoto Musashi (1584–1645). Er, der selbst ein Ronin war, gewann die entscheidenden Duelle, die ihn berühmt werden ließen, mit Bokken.

Seine Strategien haben weit über die Budo-Kreise Japans hinaus Anhänger gefunden: Dazu gehören Manager, Lehrer, Anwälte und alle Menschen auf der ganzen Welt, die täglich Konfrontationen meistern müssen.

In »Fünf Ringe« offenbart der Schwertmeister Musashi, wie er schwierigste Auseinandersetzungen als Herausforderungen annimmt und mit dem Willen des Kämpfers bewältigt.

Auch Sie müssen Konfrontationen meistern. Arashi verursacht Konfrontationen. Konfrontationen mit denen, die Sie an Ihren Lebensveränderungen hindern wollen, weil diese selbst nicht den Sprung aus dem Hamsterrad schaffen.

Ich kann es nicht oft genug wiederholen: Vorrangig müssen Sie

Duelle mit sich selbst austragen: mit Ihrer Ungeduld, mit Ihrem Zweifel, mit Ihrer Wut, mit Ihrer Resignation. Das sind die eigentlichen Missstände, die es zu bekämpfen gilt!

Nur was in Ihrem Herzen und in Ihrem Kopf ist, bestimmt Ihr Leben. Und Ihr Leben ist nur eine Bestätigung dafür.

Das, was Sie denken und fühlen, leben Sie. Wenn Sie sich ständig, immer und immer über alles Sorgen machen, tagaus, tagein ein sorgenvolles Leben leben, wird sich das in allen Ihren Handlungen widerspiegeln und auch durch Ihren Körper ausdrücken – von Ihrem Gesichtsausdruck, Ihren stumpfen Augen bis über Ihre Organfunktionen: alles wird von Sorgen beeinflusst sein, bis Sie selbst zu einer lebenden Sorge geworden sind.

Wenn Sie sich aber für das Gegenteil entscheiden, wird es genau umgekehrt sein: Sie entwickeln die Fähigkeit in allem das Positive zu erkennen. Ihr Optimismus strahlt aus Ihnen heraus und er wird auf Sie zurückstrahlen.

Machen Sie es zu Ihrer Aufgabe, eine Frohnatur zu werden, eine kämpferische Frohnatur. Das kostet Arbeit, Zeit, Energie, aber es ist möglich. Beginnen Sie mit sich selbst. Jetzt, morgen, jeden Tag. Arashi ist ein Weg des Denkens und Fühlens und schließlich des Handelns. Es ist ein Weg der Lebensveränderung, der Lebenserneuerung, der Lebensverbesserung! Nur wenn Sie entsprechend denken – optimistisch, kämpferisch, entschlossen – werden Sie Arashi umsetzen.

Ich lege Ihnen die Lektüre von »Fünf Ringe« ans Herz; Sie werden dort viel Nützliches für Ihren Arashi-Weg erfahren.

Ein Ritual mit Folgen

Die folgende Übung ist außergewöhnlich. Sie verbindet, wenn man Sie mit dem richtigen Budo-Geist vollführt, westliche Mentalität mit östlicher Spiritualität. Ihr Effekt verankert sich umso tiefer, je aufwendiger sie durchgeführt wird. Ich habe diese Übung vor über einem Jahrzehnt mit zwei Gleichgesinnten als Ritual praktiziert:

Wir fuhren an einem kalt-nebligen Herbstmorgen um vier Uhr morgens in eine stillgelegte Kiesgrube. Alle drei im weißen Gi und Hakama gekleidet, hatte jeder sein Bokken und drei Gefäße – teure, wuchtige Flaschen aus Kristallglas – dabei. In die Flaschenhälse steckten wir brennende Kerzen, um uns besser auf unser Ziel, unser Problem zu konzentrieren, das wir mit diesem Akt ein für alle Mal lösen wollten.

Wir hatten uns zur Regel gemacht, dass pro Übelstand nur ein einziger Hieb erlaubt sei – ein Nachschlagen war verboten. Das Problem nicht mit einem Streich zu zerschlagen, hieße Halbherzigkeit, und derer wollte sich keiner von uns bezichtigen lassen.

Wir banden uns unsere Stirnbänder um und bestimmten die Reihenfolge mit Streichhölzern. Nach jedem deutlichen Bekenntnis und vor dem Schlag trank derjenige, der an der Reihe war, eine Schale Sake, erhob sein Bokken und drosch mit einem gewaltvollen Hieb, begleitet von einem lautstarken »Arraashii!«, sein Problem in die Unendlichkeit.

An diesem Morgen drangen drei mal drei intime Bekenntnisse an unsere Ohren. Wir offenbarten unsere tiefsten Ängste, bekundeten aber ebenso unsere Entschlossenheit, diese für immer auszulöschen. Neunmal zerbarst wohlgeformtes Glas unter wuchtigen Schlägen, stob schimmerndes Klirren durch die kalte Waldluft und spritze Wachs in morgendliches Nebelgrau.

Dieses Ritual verfehlte seine positive Wirkung nicht; an jenem Morgen fällten wir existentielle Entscheidungen, die unser späteres Leben prägten: Wir besiegelten unter anderem eine Scheidung, einen Berufswechsel mit Umzug und den Kauf eines Bauernhauses in Friesland.

Verlierer-Eigenschaften
mit einem Schwerthieb zerschlagen

Im Budo finden sich eine Fülle von Ritualen. Diese haben neben ihrer spirituellen Bedeutung einen ganz pragmatischen Hintergrund, es sind Hilfen: Rituale als vorgegebene Handlungen helfen Ihnen, sich zu konzentrieren und damit die drei Elemente Zanshin, Hishiryo und Chu zu wahren.

Wecken Sie den Samurai in sich, entdecken Sie die Kraft der Rituale und zerschlagen Sie mit einem drastischen Schwerthieb Ihre Sorgen und Nöte.

Das Ritual des Nöte-Zerschlagens setzt außer einigen wenigen Utensilien, die Sie sich beschaffen können, etwas viel Wichtigeres voraus: Ihre Identifikation! Der ganze Arashi-Weg beruht auf Identifikation! So heißt das Zauberwort, und mit diesem Zauberwort müssen Sie das beschriebene Ritual durchführen. Dieses Ritual ist nicht schwer oder aufwendig, aber es ist etwas Besonderes, es ist dargestellte Symbolik!

Natürlich können Sie das Ritual auch weniger theatralisch vornehmen, als ich es damals mit meinen beiden Begleitern getan habe – Sie wissen ja: *Sie allein* entscheiden über die Intensität Ihres persönlichen Arashi-Windes ...

* Nehmen Sie Ihr Bokken und für die drei schlimmsten Missstände, die Sie zerstören wollen, ein entsprechendes Gefäß, das sich zerschlagen lässt: Porzellan, Glas, Steingut. Auf jedes dieser Gefäße schreiben Sie mit Farbe und Pinsel einen Missstand, zum Beispiel »Angst vor ... « auf.

Suchen Sie sich einen passenden Raum. Stellen Sie das Gefäß auf einen Tisch und bekennen Sie laut und deutlich, dass Sie mit all Ihrer Kraft, mit all Ihrer Macht und Stärke und mit *einem* Schwertstreich Ihre Angst zerstören werden.

Fokussieren Sie diesen Gegenstand, er symbolisiert Ihre Angst vor Misserfolg, Ihre Angst vor Ablehnung, Ihre Angst vor Kritik ... Lassen

Sie das Gefäß nicht aus den Augen. In wenigen Sekunden wird es vor Ihren Augen zerbersten.

Holen Sie zweimal aus und zerschlagen Sie es beim dritten Mal mit aller Entschlossenheit, so fest Sie können mit einem Streich. Begleiten Sie diesen Hieb mit einem lauten Kiai – Sie können »Arashi!« schreien oder »Tsjakka!«, was immer Sie wollen; erfinden Sie Ihren eignen Schrei. Bleiben Sie aber bei diesem Schrei, er ist Teil Ihres Ankers.

Das Schwert als Metapher

Da es absolut fundamental für das Verstehen von Arashi ist, wiederhole ich es hier noch ein letztes Mal: Es muss Ihnen klar sein, dass Sie mit diesem Ritual zwar einen mächtigen Anker setzen, aber es ist »nur« ein Schritt auf Ihrem Arashi-Weg. Es ist bei weitem nicht getan, Übungen, seien es Rituale oder nicht, nur um der Übung willen durchzuführen. Naiv wäre es zu glauben, diese Übung, so besonders sie ist, einfach nur durchführen zu müssen und dann alle seine Ängste besiegt zu haben.

Ihre persönliche Inbrunst, Ihr ganzes Wollen und Streben nach der Auslöschung Ihrer Verlierer-Eigenschaften muss letztlich der Antrieb für das Ritual sein! Ihre täglichen Autosuggestionen, die unterstützenden Maßnahmen (Kassetten, Bücher, Bilder, Vorträge usw.), das regelmäßige Budo-Training und alle Empfehlungen, die ich in diesem Buch niedergeschrieben habe, sind die wesentlichen Hilfsmittel dazu.

Sie werden sich die richtige Einstellung zu dieser Übung erwerben, und wenn der richtige Zeitpunkt gekommen ist, werden Sie die Übung durchführen. »Wann ist der richtige Zeitpunkt?«, könnten Sie fragen. Die Antwort: »Wenn Sie aufrichtig und wahrhaftig an Ihrem Leben arbeiten, werden Sie den richtigen Zeitpunkt *spüren*.« Seit dem damaligen Ritual hat das Bokken eine besondere Bedeutung für mich. Für mich ist es ein Schwert, mit dem man Entscheidungen fällen kann.

Sie können mit diesem hölzernen Schwert das Gleiche erreichen. Was Sie brauchen ist eine Metapher! Sie brauchen einen Bezug zu Ihrem Schwert! Ich kenne Budoka, die einige Kunstfertigkeit mit dem Bokken aufbringen, aber letztlich keinen Bezug dazu haben. Für sie ist es ein Übungsschwert, mehr nicht; sie wissen nichts über dessen geschichtliche Hintergründe und seine Bedeutung, sie haben weder *Fünf Ringe* gelesen noch *Musashi*.

Wenn der Samurai in Ihnen noch im Verborgenen schlummert, dann gehen Sie daran ihn aufzuwecken. Jetzt ist die richtige Zeit gekommen. Reißen Sie ihn aus seinem Schlaf! Er wartet nur darauf. Üben Sie täglich mit Ihren Bokken. Nehmen Sie es mit, wenn Sie ins Budo-Training gehen und üben Sie vor oder nach der eigentlichen Traingsstunde. Besorgen Sie sich einen Schwertständer, um Ihr Bokken gebührend aufzubewahren und widmen Sie ihm einen Ehrenplatz in Ihrer Wohnung. Machen Sie es zu Ihrem höchstpersönlichen Eigentum und brennen Sie Ihren Namen ein.

Der Schwertkampf der Samurai – ein Duell

Der authentische Gebrauch des Schwertes (ob Bokken oder Katana) bei einem Kampf zwischen zwei Samurai beschränkt sich auf wenige Schläge. Ein wildes unkontrolliertes Um-sich-Schlagen ist vollkommen unannehmbar. Das leichthändige Parieren und Aneinanderreihen von zahllosen Dubletten, wie wir es aus den europäischen Mantel- und Degenfilmen kennen, hat nichts mit dem japanischen Schwertkampf zu tun.

Zweikämpfe großer Schwertmeister stellten sich nicht in einem langwierigen Schlagabtausch dar, sondern in einem Duell, für unsere Begriffe vergleichbar mit den Duellen der amerikanischen Westernhelden: Sie postierten sich gegenüber. Beobachteten. Fühlten den richtigen Zeitpunkt. Zogen. Ein Schuss musste genügen. Wer schneller ziehen konnte, hatte gewonnen.

Ähnlich verliefen die Duelle der Samurai. Oft waren es Prestige-Duelle im Morgengrauen, zu denen sie ihre Anhängerschaft mitnahmen. Vor der eigentlichen Durchführung des Duells gab es ein Zeremoniell: Die Schwertmeister stellten sich einander vor, zählten Ihre Siege auf, nannten den Schmied, der ihr Schwert angefertigt hatte, und kündigten die Technik an, mit der sie den anderen töten würden. Dann stellten sie sich in Positur und verfuhren wie westliche Revolverhelden: wer schneller zog und traf, hatte das Duell für sich entschieden.

Der Grund für diese Verfahrensweise bei Duellen liegt wieder einmal in der geistig-seelischen Haltung der Samurai. Das Duell, die bewusste Konfrontation mit dem Tod – die Konfrontation par excellence – zeigte den höchsten Ausdruck von Zanshin, Hishiryo und Chu. Nur wer über alle drei verfügte, dazu die nötige technische Fertigkeit besaß, konnte das Duell entscheiden.

Machen Sie sich diese drei Eigenschaften zu eigen. Holen Sie sich das Bild zweier sich duellierender Samurai immer vor Ihr geistiges Auge, wenn Sie mit Schwierigkeiten konfrontiert werden. Wenn Sie ein schwieriges Verhandlungsgespräch führen müssen, üben Sie vorher 10 Minuten mit Ihrem Schwert – machen Sie sich bewusst, Sie sind ein Samurai! Sie führen die Verhandlung mit Zanshin, Chu und Hishiryo:

✳ *Zanshin:* Sie werden eins mit der Situation. Sie schärfen Ihre fünf Sinne und registrieren alle Informationen, die Ihnen zufließen: wird Ihr Gegenüber nervös, bebt seine Stimme, bekommt es Schweißausbrüche oder geht es gezielt auf Konfrontation, will es Sie provozieren?

✳ *Chu:* Sie wahren Ihre Mitte. Sie kontrollieren Ihre Körpersprache. Sie lassen sich nicht aus der Reserve locken. Sie tun das Gegenteil dessen, was Ihr Gegenüber von Ihnen erwartet; wenn es laut wird, senken Sie die Stimme. Wird es daraufhin leiser, dann erheben Sie sie wieder. Sie übernehmen durch geschickte Zweikampfstrategie die Führung des Duells und gewinnen es.

✳ *Hishiryo:* Sie sind der Segler auf dem bewegten Meer – registrieren Sie jede Wellenbewegung und jedes Drehen des Windes. Reagieren Sie auf Böen und werden Sie eins mit der See. Wenn Sie Zanshin in sich gefestigt haben und Ihre Mitte gewahrt, dann stellt sich Hishiryo ein: Sie handeln aus einem tiefen inneren Verständnis heraus, Ihre Intuition leitet Sie. Sie sind der Samurai. Sie werden das Duell gewinnen.

Doch Vorsicht: Es geht nicht darum, Ihr Unrecht in Recht zu verwandeln, Ihre Meinung auf biegen und brechen durchzusetzen. Es geht darum, die Situation zu erkennen. Nicht jede Situation erfordert ein Duell. Das Schwert muss nicht bei jeder Banalität gezogen werden, das kann unter Umständen völlig falsch sein. Besonnenheit, Erkennen der Situation und das richtige Handeln sind das Wesentliche.

Den Arashi-Weg gehen

Wir sind am Ende des Buches angelangt und stehen damit am Anfang. Arashi ist durch Ihr Leben gebraust und hat Ihnen viele neue Eindrücke gebracht, die es jetzt zu verarbeiten gilt. Sie »wissen« jetzt, wie Sie Ihr Leben verändern können, und Sie wissen, wie Sie es angehen müssen, diese Veränderungen aufrechtzuerhalten. Sie sind im dritten Tag Ihres Arashi-Urlaubs. In wenigen Minuten werden Sie das Buch zuklappen, es auf den Tisch legen und nach draußen gehen, um Ihre Gedanken zu ordnen. Morgen ist Ihr vierter Tag, an diesem werden Sie Ihre Notizen hernehmen und alles noch einmal durchgehen.

Wenn Sie sich nachher auf den Weg zum Deich oder in die Berge machen, dann soll Sie dieser Monolog inspirieren:

> *Die Alltagsbrise gibt es nicht mehr in meinem Leben, das Hamsterrad gehört der Vergangenheit an. Fortan mache ich mich auf den Weg zu einem inspirierten Leben. Ich halte mich körperlich und geistig fit, sorge für Ausgleich und tue damit Gutes für meine Seele. Ich werde nicht müde an mir zu arbeiten und vergesse dabei nicht: Erfolge zählen, nicht Misserfolge. Misserfolge wird es weiterhin geben, aber ich lerne mit jedem Tag mehr, diese für mein Weiterkommen zu nutzen.*

Ich habe seit der ersten Seite dieses Buches eine Fülle von Anregungen aufgenommen. Ich verarbeite diese Anregungen und entscheide gewissenhaft, was ich umsetzen werde. Ebenso honoriere ich, was ich bereits umgesetzt habe. Ich arbeite intensiv an den Dingen, die mir Schwierigkeiten bereiten, und bleibe so nicht stehen – meine persönliche Entwicklung ist mein Ziel. Alles fließt und alles entwickelt sich ohnehin, aber ich steuere selbst meine eigene Entwicklung und lasse mich nicht von außen steuern.

Mit den vier Tagen meines Arashi-Urlaubs bin ich aus meinem Hamsterrad gesprungen – ich habe meine Einstellung zum Leben geändert und entsprechend gehandelt. Ich werde die Veränderungen und das neue Leben, das ich geschaffen habe, aufrechterhalten und weiterentwickeln. Es gibt keinen Grund in die Alltagsbrise zurückzufallen.

Mein gesamtes Leben, mein tägliches Dasein ist eine einzige Inspiration. Mit meinem geschärften Blick sehe ich jetzt Dinge, die mir früher verborgen blieben. Ich werde nicht müde, an meinem Arashi-Weg festzuhalten – das bedeutet nicht, dass ich ununterbrochen nur kreativ bin, ständig unter Schaffensdrang stehe, immer und überall innovativ und rebellisch sein kann und werde. Ich benötige Pausen wie jeder andere auch.

Den Wind nicht einschlafen lassen heißt für mich, dass ich nicht in meine alten Gewohnheiten zurückfallen werde. Diese waren der Ausgangspunkt für mein jetziges Handeln: Ich wollte die Missstände meines Lebens beseitigen, mein Hamsterdasein beenden, der Alltagsbrise entfliehen, frischen Wind in mein Leben hauchen. Das habe ich getan und werde es weiter tun. Ich habe analysiert, erkannt, ausgemerzt, verändert, geschaffen und ich werde weiterhin analysieren, erkennen, ausmerzen, verändern und erschaffen.

Ich lebe jetzt mein neues Leben mit Begeisterung und mit Leidenschaft. Ich habe mir meine Sehnsucht zurückgeholt und lache mit der Natürlichkeit eines Kindes. Meine Fühler sind auf Inspiration eingestellt und diese erhalte ich von überall her, denn der Kreis der

Kreativen wird immer bestehen. Der Kreativität in allen sieben Lebensbereichen sind keine Grenzen gesetzt, außer denen, die ich mir selbst setze.

Zu jeder Zeit an jedem Ort werde ich Wanderer treffen, die mich begleiten, mit denen ich mich austauschen kann, denen ich geben kann und von denen ich bekomme, ich muss nur die Augen aufhalten. Darum bleibe ich nicht stehen, denn ich und alle Beschreiter wissen: »Der Weg ist das Ziel«. Ich weiß ebenfalls, ich werde das Ziel nicht erreichen, wenn ich nicht unterwegs bin, vom Weg ablasse oder stehen bleibe.

Ich werde mich inspirieren lassen, durch Reisen, durch Seminare und Vorträge, durch Kunst und Kultur. Ich lasse mich bereichern und ich werde wiederum andere bereichern. Diesen Kreislauf aufrechterhalten bedeutet den Arashi-Weg gehen.

Die Macht der Wiederholung

Wenn Sie die letzte Seite gelesen haben, dann beginnen Sie von vorne mit der Lektüre. Das hat einen wichtigen Grund:

Die Inhalte aller Kapitel sind so vielgestaltig und beziehungsreich, dass ein einmaliges Lesen nicht genügt, um bleibend in Ihnen zu wirken. Dies bestätigen auch die Ergebnisse aus der Lernforschung. Um die Informationen aus diesem Buch in Ihr Langzeitgedächtnis zu speichern, müssen Sie sie mehrmals aufnehmen. Erst wenn Sie die Inhalte sinngemäß innerlich verankert haben, können Sie souverän mit ihnen umgehen.

Anhang

Begriffserläuterungen

Bokken: hölzernes Samuraischwert (»Bokku«: Holz; »Ken«: Schwert), s. auch Bokuto

Bokuto: hölzernes Samuraischwert, s. auch Bokken

Budo: »Der Weg des Samurai«, die Kriegskünste der Samurai unter philosophischen Aspekten

Bushido: Ehrenkodex der Samurai

Do: »Der Weg«, philosophisches Prinzip

Dojo: »Der Ort des Weges«, Trainingsraum, Sportschule

Empathie: Fähigkeit sich in Menschen und deren Situationen hineinzuversetzen

Feng Shui: chinesische Lehre vom ganzheitlichen Wohnen

Feuerlaufen: bei Motivations-Seminaren veranstalteter Feuerlauf über glühende Kohlen

Fünf Ringe: vom Samurai Miyamoto Musashi (1584–1645) verfasstes Werk über den Schwertkampf

Futon: dicke Baumwollmatratze, wird nach dem Schlafen zusammengerollt und verstaut

Gi: Traingskleidung für Budo-Disziplinen, bestehend aus Uwagi, Zubon und Obi

Hakama: traditioneller japanischer Hosenrock

Kata: Kür, Schattenkampf gegen imaginäre Gegner

Katana: geschmiedetes Samuraischwert

Meister Kung: andere Bezeichnung für Kong Futse, latinisiert: Konfuzius (551–479 v. Chr.)

Obi: Gürtel zum Gi; die Reihenfolge ist i.d.R. weiß, gelb, orange, grün, blau, braun, schwarz

Ronin: Wander-Samurai

Samurai: Krieger in der Feudalzeit Japans

San-in: »Dreiheit«, Methode zum Sichtbarmachen von Verknüpfungen

Shinken: »Echtes«, geschmiedetes Schwert, im Gegensatz zum hölzernen
   Schwert, dem Bokken

Tanto: längerer Dolch

Tatami: Reisstrohmatte

Uwagi: Jacke zum Gi

Zen: Lehre von der Meditation als Weg zu Integration und Stärkung
   der Persönlichkeit

Zori: Reisstroh-Sandalen

Zubon: Hose zum Gi

(Bei der Transkription japanischer Begriffe ins Deutsche erfolgt i.d.R.
weder Genitiv- noch Plural-s.)

Quellenangaben

1 H. Velte (Hrsg.): *Budo-Weisheiten und praktische Ratschläge*, S. 25
2 Taisen Deshimaru-Roshi: *Za-Zen, Die Praxis des Zen*, S. 100
3 Axel Schultz-Gora: *Zehntausend Meilen*, S. 130
4 H. Velte (Hrsg.): *Budo-Weisheiten und praktische Ratschläge*, S. 171
5 Quelle unbekannt, S.183
6 Axel Schultz-Gora: *Zehntausend Meilen*, S. 188
7 H. Velte (Hrsg.): *Budo-Weisheiten und praktische Ratschläge*, S. 193
8 Axel Schultz-Gora: *Zehntausend Meilen*, S. 195

Literatur

Blask, Falko: *Baudrillard zur Einführung.* Hamburg 1995

Brunton, Paul: *Entscheiden aus der Stille.* Freiburg 1997

Clavell, James: *Shogun.* München 1982

Glasenapp, Helmuth von: *Die fünf Weltreligionen.* München 1996

Helm, Ludovika: *Mental in Form.* Freiburg 1998

Hirschi, Gertrud: *Innere Kräfte entdecken und nutzen,* Freiburg 1996

Holler, Johannes: *Brainfood für Manager.* München 1992

Krause, D.: *Die Kunst des Krieges für Führungskräfte.* Wien 1996

Krishnamurti, Jiddu: *Antworten auf Fragen des Lebens.* Freiburg 1999

Mishima, Yukio: *Zu einer Ethik der Tat.* München 1987

Musashi, Miyamoto: *Fünf Ringe.* München 1994

Preston, Thomas: *Samurai-Geist.* Heidelberg 1991

Protin, André: *Aikido.* München 1984

Reid, Howard: *The Way of the Warrior.* London 1983

Robbins, Anthony: *Grenzenlose Energie.* München 1994

Schultz-Gora, Axel: *Bokken – Das hölzerne Schwert der Samurai.* Berlin 2000

Schultz-Gora, Axel: *Zehntausend Meilen.* Karlsruhe 1998

Taisen Deshimaru-Roshi: *Za-Zen, Die Praxis des Zen*

Velte, H.: *Budo-Weisheiten und praktische Ratschläge*

Yoshikawa, Eiji: *Musashi.* München 1984

Register